TRANSFORMA TU VIDA

Cómo ser feliz desde dentro

Joanne Lucille Santana Hernández

Copyright © Joanne Lucille Santana Hernández 2016

www.joannesantana.net

Primera Edición: diciembre 2014

Diseño de portada: Mª Victoria Martínez Lojendio,

www.creaconvictoria.com

ISBN: 978-84-617-3430-6

Impreso en CreateSpace / Printed in CreateSpace

Gracias a Dios

Gracias a mi familia

Gracias a mis amistades

Gracias a ti

Índice

PRÓLOGO 9

INTRODUCCIÓN 11

REVELACIÓN, REVOLUCIÓN, RENOVACIÓN Y REESTRUCTURACIÓN INTERIOR
....**15**

¿EXISTE ALGO QUE TE IMPIDE SER FELIZ? 16
REVELACIÓN..17
REVOLUCIÓN..21
RENOVACIÓN DE TU INDIVIDUALIDAD..............................24
REESTRUCTURACIÓN DE LA MENTE 27

LIBÉRATE DE LO QUE DICEN LOS DEMÁS................................31

CAMBIA TU NIVEL DE AUTOESTIMA 35
RECONOCIÉNDOTE A TI MISMO 44

LIBÉRATE DE PREOCUPARTE POR EL DÍA DE MAÑANA 57

TUS PENSAMIENTOS TE DIRIGEN 67
LA GRATITUD EN EL PROCESO DE LA TRANSFORMACIÓN 70
PIENSA EN LO QUE SÍ QUIERES 71
COSECHARÁS LO QUE SIEMBRAS 74
LA ADAPTACIÓN EN TIEMPOS DIFÍCILES.............................75
VISUALIZA TUS DESEOS 76

LIBÉRATE DE LAS REACCIONES QUE NO TE CONVIENEN 79

RELACIONES Y REACCIONES 83
LAS REACCIONES EN LA FAMILIA 84
LAS REACCIONES EN EL TRABAJO 85
LAS REACCIONES CON LOS AMIGOS 87
LAS REACCIONES EN LA RELACIÓN DE PAREJA 89

LIBÉRATE DE LAS COSAS QUE TE   DESANIMAN 93

CAUSAS DE DESÁNIMO 94
ENFRENTANDO EL DESANIMO EXITOSAMENTE 97
VENCER EL DESÁNIMO 102

LIBÉRATE DEL MIEDO...105

NO TEMAS A LOS "FRACASOS" 108
¿POR QUÉ TIENES MIEDO? 114
¿CONOCES TUS MIEDOS?...114

DEFINE LO QUE QUIERES Y VE A POR ELLO 118
¡PUEDES HACER LO QUE TÚ QUIERAS! 128

VIVIENDO EN LIBERTAD Y ALEGRÍA **131**

SÉ UNA PERSONA VERDADERAMENTE FELIZ 134
ENCUENTRA TU RIQUEZA 135
PIENSA CON TU CORAZÓN 138

PRÓLOGO

Joanne apareció en mi vida en un momento en el que, sin saberlo, la necesitaba. Nuestro encuentro fue de esas cosas que ocurren y que sabes que no son casualidad sino causalidad. Sientes cómo si algo poderoso estuviera velando por tu bienestar al enviarte a una persona tan especial como ella para que te acompañe en momentos difíciles.

Hemos hablado muchas veces de cómo dos mujeres de países diferentes, con edades diferentes, con idiomas diferentes y educadas de manera diferente, se entienden tan bien. Parece como si hubiéramos sido amigas desde pequeñas porque a pesar de todo tenemos muchas cosas en común.

Este libro es un gran ejemplo de superación, no sólo de vida sino de idioma también. Joanne es escocesa, aprendió a hablar español en Bolivia y habla y escribe estupendamente el español. Es admirable, todo lo que hace bien, lo hace de maravilla. Es un gran ejemplo para mí y un motor que me motiva cada día. Me siento afortunada de tenerla cerca a diario.

Ella dice que desde que me conoció su vida empezó a cambiar y a convertirse en una vida aún mejor. Puedo decir lo mismo, "algo" nos ha hecho tropezarnos para enriquecernos mutuamente.

Su libro plasma su propia experiencia de crecimiento, un crecimiento que nadie mejor que ella puede explicar. Yo siempre la he visto grande, siempre la he conocido como una persona extraordinariamente generosa, responsable, noble, sencilla, amorosa, de esas que no pasan desapercibidas.

Su vida no ha sido fácil, pero es capaz de vencer obstáculos y crecer mientras sigue ayudando a todo el que puede por el camino. Todas las dificultades que ha superado y sigue superando la hacen una mujer especial, porque no se rinde sino que utiliza sus experiencias para transformarlas en aprendizajes para ella y para los demás.

En este su primer libro, encontrarás sus vivencias, su crecimiento, su manera de ver la vida y de presentártela para animarte a vivir la tuya, a no rendirte y a disfrutar de todo lo bueno que ya tienes mientras piensas en conseguir más, mucho más superando límites y miedos.

"Transforma tu vida" te invita a eso, a transformar tu vida como ella lo ha hecho. Pero no de la manera que ella lo ha hecho sino que te desafía a que encuentres la tuya, a buscar tus propias respuestas y tu propio camino.

Si eres de las personas que lee más de una vez este tipo de libros, encontrarás en cada lectura algo nuevo para reflexionar. Incluso si lo abres al azar habrá un mensaje que seguro te será útil.

Siento una gran admiración y respeto por Joanne, también una inmensa gratitud por ser su amiga y poder compartir tantas cosas.

Ahora quiero compartir contigo su libro, para que sea tuyo también y te ayude a avanzar en tu vida.

Mª Victoria Martínez Lojendio
Coach y diseñadora gráfica.
Santa Cruz de Tenerife, España

INTRODUCCIÓN

Todos, en algún momento de la vida, nos hemos tomado unos minutos, horas, días o años para preguntarnos sobre nuestro propósito personal. Podemos llegar a sentirnos atrapados en nuestras propias vidas, incluso en vidas que son aparentemente buenas y edificantes. Son esos momentos cuando consideramos de dónde venimos, pensamos en nuestra llegada al mundo, nuestra niñez, nuestra adolescencia, nuestra etapa adulta y, si la hemos alcanzado, nuestra ancianidad. Reflexionamos sobre el proceso que ha determinado nuestra personalidad: alegrías, dificultades, desafíos, oportunidades, sobre las personas que hemos tenido cerca y como nos hemos relacionado con ellas. Nos examinamos para saber si hemos comprendido lo que es ser felices, estar gozosos y sentirnos realizados. Nos preguntamos si nuestra vida ha sido, o está siendo, una pérdida de tiempo o si somos un ejemplo del éxito. Nos cuestionamos si hemos sido fieles a nuestro Ser, nuestra esencia y creencias, nuestro Yo Superior, nuestra propia individualidad.

¿Qué debemos hacer con las respuestas que hayamos obtenido ante nuestras propias preguntas? ¿Qué haremos con lo que hemos aprendido de este análisis de nosotros mismos? Desafortunadamente, pocas personas llegan a convertir estos pensamientos y conclusiones en un punto de partida para su transformación, renovación y liberación personal.

La existencia de este libro es una consecuencia de mi propio crecimiento personal. Surge después de un periodo de diecisiete años trabajando como cooperante voluntaria cristiana en el hermoso e intrigante país de Bolivia, en una pequeña ciudad de la cuenca amazónica, la Santísima Trinidad, en el departamento de Beni. Allí, junto a mi amado esposo y nuestras tres preciosas hijas, trabajé en las áreas de educación y administración de servicios de salud. Allí he aprendido a ayudar a los menos afortunados y a los económicamente solventes por igual. He comprendido que no hay ser humano superior ni inferior, todos somos iguales. Confieso que yo misma había olvidado que también soy igual a los demás, ni más ni menos y que necesito ayudarme a mí misma a liberarme del yugo de la baja autoestima.

Es en este contexto que regresamos a Europa, en parte porque creemos que nuestras hijas merecen la mejor oportunidad que podamos brindarles para que logren sus sueños, al igual que nosotros. En cuanto a mí, también en la búsqueda de un crecimiento espiritual, una renovación del alma y un nuevo encuentro con mi individualidad y mi propósito en la vida.

Dudo haber tenido la convicción y el coraje necesarios para escribir un libro si no hubiera sido por la influencia de dos personas, a quienes les estoy agradecida de todo corazón. La primera es mi esposo Diego Santana, quién me ha dado su apoyo y amor incondicionales, me ha demostrado que está convencido de que soy capaz de hacer prácticamente cualquier cosa que me proponga y me anima en la búsqueda de mis sueños y metas.

La segunda persona es mi amiga Mª Victoria Martínez Lojendio (www.exitoalos40.com), a quien le agradezco por su ejemplo de éxito, su alegría, su ánimo y su habilidad para hacerme reflexionar. Desde que la conocí mi vida empezó a cambiar y a convertirse en una vida aún mejor, a raíz de una pequeña frase que ella compartió conmigo, "La felicidad está dentro de ti". Al principio no le di mucha importancia, pero a medida que pasaba el tiempo el concepto fue tomando forma, no podía sacarme la idea de la cabeza, hasta que hubo un "clic" dentro de mí y de repente todo tenía sentido. Fue entonces cuando comenzó un nuevo e importante viaje en mi vida, un viaje sin precedentes.

Creo firmemente que todas las personas podemos mejorar. Hemos sido hechos para relacionarnos con otros seres humanos, en nuestro interior somos todos muy similares, no hay mejor ni peor. Aprendemos de los que nos rodean, ojalá todos nosotros tuviéramos a alguien más sabio permanentemente a nuestro lado para ayudarnos en nuestro crecimiento y desarrollo personal, sin embargo, esto no es indispensable. Nuestras experiencias son nuestras, nuestros caminos son nuestros, nuestros destinos son nuestros, nadie más los tiene, todos somos únicos, especiales y nuestras posibilidades son ilimitadas.

Yo soy quien soy, debo aprender a amarme y a liberarme... Tú también puedes hacerlo, si decides que así sea.

REVELACIÓN, REVOLUCIÓN, RENOVACIÓN y REESTRUCTURACIÓN INTERIOR

Cuando comencé a escribir lo que ha estado ocurriendo en mi vida, tomé una pausa para reflexionar y estas preguntas surgieron en mi mente y se apoderaron de mis pensamientos:

¿Por qué he tardado tanto tiempo en darme cuenta de que ser feliz no es tan difícil?

¿Existe, o existía, algo en mi corazón que estaba ocultando esa verdad?

¿Hay algo importante que estoy postergando y no he hecho aún, que debería hacer?

Me preguntaba estas cosas todo el tiempo, pero la verdad es que yo ya sabía la respuesta... ¡mi padre! Mi padre es un buen hombre, pero por algunas razones personales no tengo una buena relación con él. Mi madre murió de cáncer cuando yo tenía diez años, dejando un vacío que seguramente sólo podrán comprender quienes lo hayan vivido. Tardé muchos años en aceptar ese vacío y sé que ha afectado mucho el desarrollo de mi personalidad y mi forma de ver la vida. En algunos aspectos ha tenido un efecto positivo, podría decir incluso bueno, pero en otros me ha dejado limitada.

Lo que quiero transmitir es que no han sido tanto las circunstancias las que me perturbaron a mí, sino que fui yo, soy yo, la responsable de permitir que las circunstancias me afectaran tanto. Por supuesto no estoy diciendo que perder a un familiar no sea algo doloroso y traumático, todavía extraño a mi madre, pero en nuestras vidas siempre hay algo positivo que podemos sacar de cualquier circunstancia, por más devastadora que nos parezca.

¿EXISTE ALGO QUE TE IMPIDE SER FELIZ?

Si no eres una persona feliz, pero quieres serlo, deberías tomarte un tiempo para considerar e identificar el porqué de tu infelicidad. Puede que existan varios momentos claves en tu vida donde los eventos transcurridos han dejado una huella profunda en tu personalidad. Hasta que no medites sobre esos momentos y los analices detenidamente, te será muy difícil cambiar tu estado de felicidad personal de verdad.

Intenta primero separar las diferentes etapas de tu vida: tu infancia temprana, tu niñez, tu adolescencia, tu juventud, tu adultez. Tú eres la única persona que realmente conoce todos tus pensamientos y sentimientos más íntimos. No tengas miedo de buscarte ni descubrir el maravilloso ser que hay en ti.

Identifica los aspectos de tu vida que no te ayudan a crecer o a ser libre en tu interior. Desecha lo que no te conviene y aférrate a lo que te hace crecer como persona. Comienza a construir tu futuro ahora, en tu presente, solamente tú puedes.

¡Nadie más puede hacerlo por ti!

Es importante hacer notar que el proceso de identificar las cosas que te impiden avanzar no tiene la intención de buscar reacciones favorables de otras personas hacia ti, o situaciones que te puedan ser ventajosas.

El propósito que te debe mover a querer identificar las piedras que existen en el camino de tu crecimiento, es quitarte las ataduras que frenan, o detienen, el cumplimiento de tu destino.

Es verdad que existen eventos en tu pasado que te han hecho daño, lo sabes porque has sentido el dolor del sufrimiento. Depende de ti permitir que esos hechos te sigan asustando indefinidamente, o que aprendas a disfrutar de tu vida a pesar de las circunstancias que te rodean.

Es importante reconocer qué es lo que has hecho en el pasado, y qué cosas haces en el presente que causan dolor, confusión o consternación a otros, aunque la mayoría de las veces sea sin querer.

El tiempo pasa muy rápido y tu experiencia en la vida crece a una velocidad dispar, pero en cualquier caso terminas cosechando lo que siembras. Puedes escoger aprender de tus errores y tus dificultades o permitir que estos te agobien o depriman. Tus dificultades, con frecuencia, son oportunidades disfrazadas. Eres tú la persona que debe reconocerlas como tales, la persona que decide aprender, crecer y madurar, aunque la mayoría de las veces tardes mucho en hacerlo.

REVELACIÓN

El primer paso hacia la liberación es la revelación. La Real Academia Española define "revelación" de tres formas: *"acción y efecto de revelar, manifestación de una verdad secreta u oculta y manifestación divina"*. Las tres definiciones muestran la importancia del concepto de la manifestación: es la acción de comenzar a percibir algo que era hasta entonces desconocido para una persona. Algo que tú no podías ver, ni tocar, ni sentir, se transforma en algo que puede ser visto, tocado y sentido, por ti.

En el momento que tienes la revelación te das cuenta de que no habías comprendido bien todo lo que te había ocurrido anteriormente, de repente, adquieres una nueva capacidad, como puede ser: entender una circunstancia desde la situación y perspectiva de otra persona, disfrutar con deleite del éxito de otros sin sentir el más mínimo celo, o quizás la habilidad de amar sin esperar nada a cambio.

Puede que sientas un clic dentro de ti, un tipo de sensación de que algo, de que algún proceso ha cambiado en lo más profundo de tu ser y que te hace saber en lo más hondo de tu corazón que tu vida nunca será igual a la vida que tenías antes de experimentar esa revelación, por más mínimo que parezca ese cambio.

El futuro se construye en el presente. Cómo reaccionamos ante ciertas circunstancias es lo que moldea nuestro futuro:

- Cuando algo o alguien te hace sufrir ¿Sigues siendo una persona agradecida?

- ¿Eres capaz de identificar tus fortalezas y debilidades?

- ¿Eres práctico al procesar y manejar tus amenazas?

- ¿Qué haces con la multitud de oportunidades que tienes todos los días?

- ¿Tienes práctica en identificar los eventos que determinan tus pasos y en tomar decisiones sabias y conscientes para que los resultados sean óptimos?

- ¿Puedes encontrar la calma en medio de cada tormenta que enfrentas en tu vida?

- ¿Eres feliz, amas tu vida y a quienes te aman?

- ¿Conoces el gozo de estar contento a pesar de ...?

Si te ha sido revelado algo en tu vida que necesitas remediar ¿A qué estás esperando? Ponte en acción, sé proactivo y haz algo al respecto. No es necesario esperar nada a cambio, ni siquiera la restauración de las relaciones personales dañadas, pero sí es de mucho beneficio experimentar la aceptación de las cosas tal como son, en su estado real, para poder crecer. Saber dónde y cuándo comenzar la carrera y prepararte para solventar los obstáculos que puedan estar en tu camino es muy importante.

Busca tiempo para pensar, reflexionar y procesar tu vida. Si eres honesto contigo mismo, encontrarás muchas cosas positivas, aún en los periodos que parecen más obscuros y sin sentido.

Solamente cuando desarrolles el hábito de ser honesto contigo mismo, podrás empezar a embarcarte en una revolución real y duradera en tu vida. Será entonces cuando puedas gozar de verdad de tus circunstancias y experimentar con el poder de la revolución interna de tu alma, tu Ser y tu individualidad. Está dentro de ti, si otros pueden, tú también puedes, porque eres un ser único, genial, precioso y especial ¡No te rindas jamás!

Las coincidencias no existen. Existen momentos de tu vida donde piensas que lo que te ha ocurrido ha sido algo casual ya que esa es tu creencia. Pero a medida que caminas por este tu sendero existencial te vas percatando de que lo que existe es la causalidad, ya que todo tiene un para qué en la vida, posee una causa, una razón, un motivo. Tu Creador tiene un diseño y destino perfectos para ti. A ti te corresponde decidir cómo quieres vivir y afrontar el plan para tu vida. Muchas veces la manera en la que ves y afrontas la vida afecta a lo que te sucede. Si estás en la Tierra en el presente, entonces es que tu vida tiene un propósito.

Tu actitud hacia las actividades cotidianas, hacia las grandes decisiones y hacia tu futuro, es fundamental para poder vivir una vida plena.

El predicador Charles Swindoll dijo:

"Cuantos más años vivo, más me doy cuenta del impacto de la actitud en la vida. Para mí, la actitud es más importante que los hechos. Es más importante que el pasado, que la educación, el dinero, las circunstancias, el fracaso, los éxitos, o que lo que dicen o piensan los demás. Es más importante que la apariencia o las habilidades. Te hará quebrar una empresa…, una iglesia…, o un hogar. Lo más asombroso es que podemos elegir diariamente qué actitud tendremos ese día. No podemos cambiar nuestro pasado, ni tampoco podemos cambiar la forma en que las personas actuarán en determinado momento. No podemos cambiar lo inevitable. Lo único que podemos hacer es tocar la única cuerda que tenemos y esa es nuestra actitud. Estoy convencido de que la vida es 10% lo que me sucede y 90% cómo reacciono. Es igual para ti… todos tenemos el control de nuestra actitud."

- ¿Cómo reaccionas tú ante las dificultades?
- ¿Buscas activamente la calma en cada una de tus tormentas?
- ¿Eres una persona que inspira a otros a tener una mejor actitud?
- ¿Sabes controlar tu actitud y tus reacciones?
- ¿Has descubierto quién es tu verdadero Ser?
- ¿Te conoce la gente alrededor tuyo o sigues viviendo según lo que otros piensan que sería lo mejor para ti?

Sé honesto contigo mismo y verás que te lloverán revelaciones. ¡Revelaciones que darán respuesta a las miles de preguntas que tienes!

REVOLUCIÓN

Si has vivido alguna revelación en tu Ser, en tu corazón o en tu mente, habrás experimentado que la revelación viene de la mano de la revolución. Es imposible descubrir algo profundo, o nuevo, sin que te afecte, te conmueva o te revolucione.

La revolución implica un cambio radical, un alboroto que puede ser pacífico o violento, pero que siempre implica una acción de cambio. La revolución interna tras una revelación de una verdad espiritual dentro de tu Ser actúa de la misma forma.

Tiene la capacidad de sacudirte, confundirte, hacerte dar un giro de ciento ochenta grados para comenzar a caminar en una dirección diferente o quedarte en el mismo camino pero con fuerzas renovadas. La forma de reaccionar de tus sentidos cambia y pareciera que todo es distinto; saboreas, sientes, oyes, hueles y ves todo de otra forma. Empiezas a comprender, pensar y sentir de otra manera. Tu vida te ilusiona. Cuando esto pasa, empiezas a brillar, a crecer y a vivir la vida que te mereces, una vida donde aunque las rosas que te ofrezcan sean de color gris, las vas a ver rojas, coloridas y hermosas.

¿Estás experimentando una revolución en tu vida?

¿Sientes que todo va tan rápido que tienes miedo y quieres frenar el avance?

¿O quizás lo opuesto, crees que, al lado de otras, tu revolución va a paso de tortuga?

Lo importante no es la velocidad del cambio, lo importante es la huella que deja en ti el viaje. Es fácil caer en la tentación de querer explorar, entender y tener todo de golpe, pero es más deseable poder sentir el proceso del cambio en tu Ser. Es impresionante observar como día a día te estás convirtiendo en una persona mejor. Es gratificante cuando otros notan que has cambiado y quieren pasar más tiempo contigo.

Es esencial asegurarte de que tus experiencias con la revelación y la revolución no queden como simples experiencias, sino que aprendas a hacerlas formar parte de tu existencia. El tiempo que cada uno tarda en lograr profundos cambios no tiene importancia, ya que varía de una persona a otra, al igual que la profundidad de la huella que queda mientras sigues en el camino.

Me gusta nadar. Cuando la piscina está abierta al público, las calles están identificadas con carteles de acuerdo a las diferentes velocidades de los nadadores: lenta, media, rápida y con aletas. Si nadas despacio, no te metes en la calle rápida. Si nadas a media velocidad, serías un estorbo para la persona que esté usando aletas. Antes de entrar a la piscina, te evalúas honestamente y eliges nadar en la calle indicada con la velocidad que consideras que te corresponde. Curiosamente, el agua no tiene velocidad, es igual para todos. El proceso de la revolución interna es como ese agua, no cambia según la velocidad de tu aprendizaje, es constante, aunque tú puedas tardar más o menos en llegar a tu meta. Quizás nunca llegarás a comprender o conseguir todo lo deseado, pero con perseverancia llegarás muy lejos, a un entendimiento profundo. Y feliz.

El carácter de la revolución en tu ser también debe ser consistente con tu individualidad, con quien eres, con el Yo Superior, tu Ser.

¿Has identificado quién eres?

¿De verdad te conoces?

¿Te aceptas tal como eres?

En su libro "La misión del alma", Mark Thurston explica lo que él cree que es la individualidad de cada persona, diferenciándola de la personalidad. El concepto, en sí, es delicioso y las ramificaciones de la aceptación de su teoría son preciosas, profundas y duraderas. En esencia te explica como tu Ser no es tu personalidad. Define tu personalidad como "*la máscara que llevamos en la vida diaria*", la cual es el resultado de años acumulando hábitos, tanto buenos como malos, y es temporal. En cambio "la individualidad tiene continuidad y permanencia", es quién eres, la persona innata, original, sin cambios ni hábitos impuestos por las personas que te rodean.

Lo que está claro es que si aceptas que la personalidad es la colección de hábitos que adquieres y la individualidad es quién eres, eso implica que si haces que tu individualidad determine tu personalidad, tu caminar diario con la felicidad debería ser algo natural.

Tristemente, la mayoría de las personas se ven atrapadas en un sistema de vida donde su Ser no tiene libertad de expresión y se han convertido en personas moldeadas por los ideales y expectativas impuestas por los que les rodean. A veces prefieren intentar hacer felices a los demás y olvidan cuidarse a sí mismos. Es tiempo de pensar en quién eres tú de verdad, y si tu vida actual es compatible con tu individualidad.

La personalidad y la individualidad poseen papeles muy importantes para jugar en el teatro de la vida. Para alcanzar la paz, la esperanza y la tranquilidad en tu Ser, es necesario que las dos se respeten y se complementen. Cuando existe un conflicto entre las dos, la individualidad debería ser la de mayor influencia. Si no es así, vivirás una vida llena de pesar y arrepentimiento, fundadas en decisiones débiles y en contra de tus instintos y felicidad interior.

Tradicionalmente, las revoluciones son periodos conflictivos. En la historia mundial, muchas veces llegan acompañadas de furia y agresión, pero su fin no es la violencia, es simplemente el cambio. En efecto, después de una revolución pacífica (o violenta), llega la oportunidad de comenzar de nuevo en condiciones diferentes, con nuevos derechos y posibilidades, en un tiempo de exploración y de descubrimiento. El resultado final de la revolución personal debe ser algo hermoso e incomparable, que hace felices a sus implicados.

Si reconoces la necesidad de cambio para mejorar tu vida interior, o simplemente disciernes que podrías ser más feliz y libre siendo fiel a tu Ser, entonces debes preguntarte:

¿Qué necesito cambiar en mi vida?

¿A qué espero para poder comenzar la renovación de mi espíritu?

RENOVACIÓN DE TU INDIVIDUALIDAD

Hoy en día estamos acostumbrados a convivir con la tecnología y la informática. Muchos conocemos muy de cerca la frustración que supone haber apretado la "tecla" que no era, perder documentos enteros y hasta ver como se borra todo el sistema operativo sin previo aviso. Cada ordenador tiene una función para restaurar los diferentes elementos del sistema operativo, e incluso de los programas que hayamos instalado con posterioridad. Para la persona que tenga un amplio conocimiento de la informática, es un proceso lógico y sencillo, aunque a veces pueda ser decepcionante en caso de la perdida de información y datos.

Muchas personas que no tienen un amplio conocimiento de la informática sufren cada vez que se sientan delante del ordenador para hacer algo importante. Tienen miedo a equivocarse, a que ocurra algo inesperado y se pierda todo el trabajo. Lo cierto es que cuando algo va mal todos queremos una solución rápida, buscamos inmediatamente a las personas que nos puedan ayudar a recuperar lo perdido o, como último remedio, vuelvan a instalar todo de nuevo para comenzar desde cero. Durante este proceso sufrimos, manifestamos falta de paciencia, nuestra paz se desmorona y la esperanza de poder avanzar desaparece.

La renovación de la individualidad no es así, es un proceso largo porque afecta a algo más permanente. La personalidad (que está ligada a lo temporal) tarda muchos años en formarse, tiene muchas capas y diferentes niveles. No debes nunca sentirte frustrado por una percepción de falta de progreso en la renovación de tu Ser. Respondes a un ritmo diferente al de los demás, eres único y brillante a tu propia velocidad. Es primordial aprender a aceptar tu individualidad tal como es, a aceptarte tal como eres. Luego, comprender que aunque quieras cambiar tu personalidad y ponerla en manos de tu individualidad, esto no va a suceder de la noche a la mañana.

Cuando era niña, mis padres compraron una casa antigua, de más de 140 años. Estaba abandonada y muy descuidada en el momento de la compra. Recuerdo claramente que mis hermanos y yo nos escondíamos en el jardín que, después de tanto tiempo sin haber recibido ningún cuidado, parecía una jungla. La casa olía a viejo y pensábamos que nunca íbamos a poder vivir allí, sin embargo, a la vez que teníamos estos pensamientos también nos hacía mucha ilusión la idea de tener nuestra propia casa. En ese momento no éramos capaces de imaginar el resultado final después de llevar a cabo todas las reformas necesarias. Sospecho que mis padres, con su madurez, sí sabían reconocer el potencial de nuestro nuevo hogar.

Tardamos meses y meses en terminar el trabajo, parecía una eternidad, un proceso sin final. Todo nuestro tiempo "libre" estaba invertido en renovar la casa entre todos los miembros de la familia. Derribamos algunas paredes, construimos otras, quitamos las malas hierbas de los jardines y plantamos semillas de césped. Había que quitar el revestimiento antiguo y colocar el nuevo; nivelar, lijar, pintar y colocar el papel decorativo en las paredes. Fueron tiempos buenos, pero agotadores. Tiempos llenos de alegría como resultado de mucho trabajo duro, a pesar del poco tiempo para descansar. Pero poco a poco la casa iba tomando el aspecto de un hogar y llegó a ser habitable. Creo que nunca logramos terminar de renovarla completamente, pero ver el proceso de una casa vieja, aparentemente inservible, convirtiéndose poco a poco en nuestro hogar, quedó grabado en mi corazón.

Nada de esto hubiera ocurrido si no nos hubiéramos mudado a vivir a la nueva casa. Cambiar de domicilio, de colegio y tener que alejarnos de los amigos de la infancia fue triste y difícil, tanto para nosotros, como niños, como para nuestros padres. El cambio significaba un sacrificio para poder tener una vida mejor, más cómoda, en una casa nueva que nos aportaría protección y calidez. Este proceso me enseño que no todo lo bonito y bueno llega hasta nosotros sin dolor añadido.

La renovación interior se parece mucho a la renovación de esa casa antigua. No es necesariamente un cambio radical acompañado del descubrimiento de cosas totalmente nuevas. Es el retorno a un estado previo, o la recuperación de algo olvidado o perdido, es redescubrir la base de algo que ya existe pero has descuidado. Es posible que tengas que quitar algunos elementos dañados, los que te estorban o los que ya no son compatibles con tu Ser, las piedras inútiles en tu senda de la vida.

Y sí, la renovación también tiene ese elemento de descubrimiento de nuevas cosas, nuevas profundidades y niveles de comprensión en tu viaje espiritual. La vida, por sí misma, te enseña muchas verdades preciosas; las revelaciones te ayudan a apreciarlas como tales. Dios te hace muchos regalos, pero solamente serán tuyos si los reclamas para ti, si permites que tu espíritu o individuo sea renovado y tu mente o personalidad sea transformada.

REESTRUCTURACIÓN DE LA MENTE

A diferencia de la renovación del espíritu, la reestructuración de la mente es un proceso de cambio dramático, puede ser tanto de forma como de apariencia. Es el tomar tu personalidad y analizarla a fondo, cuestionar los hábitos y los pensamientos que fluyen en tu caminar diario. Es el cambio en tu ser temporal, lo que la vida ha formado a base de ir creando costumbres y hábitos.

Puedes decidir cambiar tu forma de pensar, tu forma de actuar y ser una mejor persona, mejor esposo, mejor hijo, mejor padre o madre, mejor amigo, mejor trabajador, mejor ser humano. Cuando tú cambias, todo alrededor tuyo cambia, las personas que te conocen serán testigos directos de tu transformación, su relación contigo se verá afectada positivamente y ellos mismos comenzarán a tener cambios en sus propias vidas.

La restructuración se compara al proceso de la metamorfosis del gusano de seda hasta convertirse en una mariposa. La metamorfosis es el nombre que describe el conjunto de transformaciones, tanto internas como externas, que sufre la mariposa desde el inicio del ciclo de su vida en forma de huevo hasta llegar a su estado adulto. De un huevo nace el gusano "feo" y se convierte en una mariposa hermosa y colorida, después de pasar por varias etapas: huevo, larva, pre-pupa,

pupa y adulto. Pasar por cada etapa que implica esfuerzo, perseverancia, a veces dolor, sufrimiento y una lucha por la supervivencia del gusano/mariposa. No se puede eliminar el esfuerzo. Para transformarse en mariposa el gusano debe esforzarse para vencer obstáculos y enfrentar dificultades que son indispensables para que pueda adquirir la fortaleza suficiente para volar. Es interesante que nadie pueda explicar cómo exactamente se forman las alas de la mariposa, aunque sí sabemos identificar cuando.

Tu reestructuración llega de la misma forma, con esfuerzo y perseverancia. Con cambios en ti que pueden ser dolorosos. No siempre es fácil reconocer qué es lo que necesita ser transformado, por eso tu camino hacia el cumplimiento de tu propósito es un ciclo continuo de revelación, revolución, renovación y reestructuración. No es posible tomar atajos en el camino. No existe la posibilidad de evitar el esfuerzo, ya que hacer eso, indudablemente significará que el resultado final no sea completamente eficaz.

Continuando con la metáfora de la mariposa, he de decir que cuando un ser humano, rompe la crisálida para que salga la mariposa, ésta muere ya que no ha podido realizar el esfuerzo que necesita para activar el mecanismo que permite que sus alas se expandan y se llenen de vida para poder al fin volar.

¿Quieres tener una vida nueva, una vida mejor?

¿Quieres aprender a aceptarte tal como eres?

¿Estás dispuesto a buscar fervientemente la calma en cada tormenta de tu vida?

¿Quieres sentirte verdaderamente libre y vivir una vida llena de alegría y gozo?

LIBÉRATE DE LO QUE DICEN LOS DEMÁS

Tu personalidad no solamente está determinada por tus circunstancias y el conjunto de enseñanzas recibidas de las personas que te han rodeado desde tu infancia, sino que también está influenciada por tu temor a las reacciones de otros en el momento de contemplar cualquier decisión que pueda ocasionar un cambio en tu vida.

Es completamente normal sentir miedo en ocasiones así, pero debes esforzarte en identificar cuál es el origen de ese miedo, y evaluar si realmente está justificado. No puedes permitir que a raíz de tu preocupación por lo que puedan decir o pensar los demás, te quedas sin disfrutar de la libertad y de sentir un gozo profundo en el corazón y en el alma.

La distinción entre el gozo y la felicidad es clara. El gozo es algo permanente, que no varía con los vientos del día y no está afectado por las cosas externas. El gozo es tuyo y nadie, ni nada, te lo puede arrebatar. Puedes estar gozoso o contento sin importar las circunstancias que cada día o cada año, te traiga. El gozo es la aceptación positiva de tu existencia por el mero hecho de ser yo, de existir. Puedes tener gozo en tu interior porque tu vida tiene sentido, aunque aún no hayas descubierto exactamente ese sentido, aunque todo lo que te ocurra en la actualidad te esté indicando que deberías estar desesperado y sin esperanza, aunque otras personas no sepan de tu existencia. Existe un ser superior que sí te conoce, te ha conocido desde antes de tu concepción humana, ese conocimiento íntimo te permite vivir con el corazón lleno de gozo.

La felicidad, en cambio, es un sentimiento pasajero y temporal que necesita ser renovado constantemente. Viviendo una vida gozosa reconoces que puedes ser feliz, ya que la felicidad está cimentada en la dicha.

Vive en libertad y sigue viviendo en libertad, porque así lo decides tú, aunque estés encadenado en una mazmorra.

En este momento de mi vida puedo decir que soy una persona "segura de mí misma". No ha sido así toda mi vida, es algo relativamente reciente y todavía es una sorprendente novedad para mí.

Durante décadas viví con una baja autoestima y sin esperanzas ni deseos de cambiar esa situación. Estaba cómoda con ese estado anímico, quizás porque podía usarlo como defensa, como explicación del porqué, o por qué no, de decisiones o comportamientos equivocados.

Es más "fácil" justificarte así porque puedes echarle la culpa de tus reacciones ilógicas a tu falta de autoestima y autoconfianza. *"Resulta más fácil ser víctima de tu pasado que dueño de tu futuro".*

Por momentos siguen existiendo esos altibajos que minan la confianza que tengo en mí misma, esto va en relación con mi condición humana.

Es muy difícil, a veces, no reflexionar y pensar en las críticas y opiniones de los demás. Una mirada de desaprobación, una palabra cortante o simplemente una intuición no fundada me pueden hacer tambalear durante un rato. Pero ahora, en este momento de mi vida, he decidido ser más activa. He elegido que esas circunstancias no me afecten como antes, ya que ahora tengo claro que depende total y exclusivamente de mí. He aprendido a descartar con más rapidez las observaciones que no son importantes ni relevantes para mí.

¡Decido que cosas me importan y que cosas no!

¿Por qué nos importa tanto lo que piensan y opinan los demás?

¿Por qué limitamos nuestro crecimiento personal con la falsa excusa del qué dirán? …

Sin embargo, yo no puedo contestar estas preguntas por ti, solamente tú tienes las respuestas a estas preguntas para tu propia vida.

En mi caso, esa falta de confianza en mí misma comenzó en mi niñez y la he ido desarrollando a lo largo de los años. Es más, he permitido que se enraíce en mi personalidad, convirtiéndose en algo normal en mí. Nunca le había dado suficiente importancia y ni siquiera la veía como algo que pudiera cambiar. Simplemente asumí, erróneamente, que era algo innato en mí. "¡Así soy, así son las cosas conmigo!"

Esa actitud pasiva es muy destructiva para tu alma, te limita más allá de tu capacidad de entender. Si te has convertido en víctima de tu incapacidad de amarte a ti mismo, entonces seguro que sufrirás las consecuencias de la baja autoestima.

La baja autoestima tiene el efecto de un rodillo, te aplasta hasta que te inmoviliza. Te sientes sin ningún valor, te comparas con los demás, idealizas las cualidades de los otros, sin ni siquiera darte cuenta de tus propias capacidades. Los síntomas más obvios pueden incluir: angustia, dolor, indecisión, desánimo, pereza y vergüenza. Sin embargo, hay otros efectos que son elementos ocultos pocas veces reconocidos: tristeza, rencor, culpabilidad, envidia, hipersensibilidad, pesimismo, impotencia…

No debes minimizar el impacto y las repercusiones de tener una estima baja. Debes reconocer que puedes trabajar esta área de tus debilidades para lograr vivir con más sentido y menos miedos o frustraciones.

Plantéate la idea de tomar decisiones valientes y embarcarte en nuevos caminos que te llevarán a aprender que no hay nada malo en creer en ti mismo. No es un ejercicio de amor egocéntrico, es simplemente un cambio de perspectiva.

Si tienes fe en Dios o eres una persona religiosa (no, no son la misma cosa), me gustaría que consideraras lo que la Biblia indica en uno de sus versículos más conocidos: "*Amarás a tu prójimo como a ti mismo*". El descubrirte a ti mismo tiene mucho que ver con las palabras de este versículo: "*como a ti mismo*", no serás verdaderamente capaz de amar al prójimo si no sabes ¡amarte a ti mismo!

La palabra "como" indica igualdad de términos, somos todos iguales. Amar a otra persona requiere mucho más de ti, es lo mismo que hace falta para amarte a ti mismo. Personalmente, yo encuentro más fácil amar a los demás que a mí, ya que yo me conozco demasiado bien y hay cosas de mí que no me gustan.

Te limitas mucho cuando no eres capaz de reconocer la esencia de las revelaciones espirituales que se te presentan en tu vida diaria. Es una pena que no siempre puedas celebrar la maravilla de tu creación, no eres perfecto, pero sí eres digno de ser amado.

Es preciso que encuentres lo bueno que hay en ti. Lo reconozcas o no, tú posees muchas cualidades que son valiosas, eres una persona completa tal como eres.

Busca rodearte de personas que te enseñen y animen a estar encantado con tu propia vida, gente que sepa apreciar los pequeños detalles de la vida. Evita a las personas que siempre ven primero el lado negativo de todo. Intenta ser optimista aun cuando tu cielo interior este nublado y esté lloviendo torrencialmente en tu corazón.

"Mantente a distancia del necio, pues en sus labios no hallarás conocimiento. La sabiduría del prudente es discernir sus caminos, pero al necio lo engaña su propia necedad." Proverbios 14:7-8

Pierde el miedo a contar lo que estás pensando, lo que sientes, lo que crees, lo que quieres sentir, lo que deseas hacer con tu vida. Es esencial vivir sin miedo para poder aspirar a lograr lo que tú consideres éxito en tu camino personal. No hay nada más gratificante que sentirse libre, incluyendo el sentirse libre del miedo.

CAMBIA TU NIVEL DE AUTOESTIMA

¿Qué es la autoestima?

¿Estás dispuesto a cambiar tu perspectiva de ti mismo?

¿Quieres tener un nivel sano de autoestima?

Tu autoestima no es más que la consideración, aprecio o valoración que te das a ti mismo. Es importante resaltar que el prefijo "auto" quizás sea el elemento más importante para entender este concepto. Te indica quien es la persona que debe llevar a cabo la evaluación de la "estima".

Tu autoestima no puede ser afectada, ni evaluada, por lo que dicen los demás, no es culpa de los demás lo que tú pienses de ti mismo.

Este concepto está perfectamente expresado en las palabras de Jorge Bucay:

"Porque nadie puede saber por ti. Nadie puede crecer por ti. Nadie puede buscar por ti. Nadie puede hacer por ti lo que tú mismo debes hacer. La existencia no admite representantes."

No existe ni una sola persona externa a ti que pueda resolver el misterio de tu auto valoración. Es algo muy personal.

Evidentemente existen personas, con una energía angelical, que nos ayudan en este proceso. Estas personas pueden tener una influencia puntual en un momento de tu vida, al aportar pautas específicas de cómo lograr estar en paz contigo mismo, sin ser incongruente con lo que tú crees y sin trasladarte a vivir a un mundo irreal, particular y personal. La estima que posees de ti mismo se compagina con una vida plena en el mundo real, que te permite interactuar con tu prójimo desde una forma más genuina y auténtica.

Si reconoces que nadie puede saber, crecer, buscar o hacer nada transcendental por ti, entonces puedes concluir que tú sí posees todas las herramientas dentro de tu alma para poder superar la baja autoestima, independientemente del grado de debilidad que ésta posea. Solamente hace falta que descubras el "cómo", encontrando la llave que abre la puerta hacia un nivel sano de autoestima. Deja que lo que te motive sea un deseo puro de querer ser una mejor persona, con el fin de ayudar a construir un mundo mejor.

Date el lujo de creer las cosas positivas que otros dicen de ti. Si sufres de baja autoestima puede que resulte complicado poder aceptar que eres tú de quien hablan los demás. ¡No cuesta nada dar la razón a las personas que te quieren, cuando dicen cosas bonitas de ti! ¡Pruébalo! Puede que te guste.

Como práctica diaria incorpora a tu rutina el reconocimiento de cualidades de otras personas y dentro de tus posibilidades, intenta compartir con los demás lo que sientes por ellos, lo que ves en ellos, lo que te encanta de ellos. No te olvides del "Efecto espejo", si lo ves en otros es que probablemente tú también lo tienes. Si te gusta algo de otra persona, siéntete encantado de haberlo reconocido y poder evaluar esa cualidad en ti mismo. De esta manera aprenderás mucho más sobre ti, te reconocerás a través de los demás y notarás que tú también puedes llegar a estar cómodo con quién eres y cómo eres.

Creer en ti mismo es un paso gigantesco hacia la libertad emocional.

Aprende a respetarte, a admirarte, a amarte, sin perder la perspectiva real. Eres humano, por lo cual la cualidad de la perfección no se muestra tan nítidamente en ti. Nadie te exige que seas perfecto, pero intenta cada día madurar, mejorar y crecer personalmente un poco más.

Con la práctica y el paso del tiempo aprenderás a aceptarte y amarte cada vez con más ahínco. Una vez que se rompe el destructivo círculo vicioso de la baja autoestima y la falta de deseo por cambiar, comienza un proceso para desandar el sendero caminado, lo que nos permitirá llegar a esa ansiada reconstrucción personal. Cuanto más profundamente te reconozcas o "estimes", más cualidades positivas identificarás en ti. Esto hará que el deseo de seguir cambiando sea cada vez mayor porque tus buenas cualidades siguen mejorando y aumentando, pues ya las vas reconociendo. Esas cualidades "descubiertas" te facilitarán que te evalúes o valores con más profundidad, y así sucesivamente.

Durante el proceso de liberación personal es fundamental reconocer que todos somos iguales en nuestra condición de seres humanos. Todos tenemos fortalezas y debilidades. Amarte a ti mismo no es pensar que eres perfecto, es simplemente aceptarte tal como eres, con el deseo de crecer y avanzar día a día. No es un estado estático donde te quedas estancado, tranquilo y feliz contigo mismo, sino un estado de transformación personal constante. Tampoco es creer que uno es superior o mejor que los demás, ni el narcisismo exhibicionista que tanto ves en los medios de comunicación en estos tiempos.

Tu Ser, tu individualidad personal, es tu esencia fundamental y única. Por tanto debe ser tratado con mimo y cariño, aportándole un cuidado especial. Cuando la acción del amor está presente siempre quiere lo mejor para la persona a quien ama. Amar a tu propio Ser debe basarse en esa misma premisa de amor incondicional. Para eso deberías estar, conscientemente y continuamente, buscando la excelencia en tu vida. Sin poner en duda en ningún momento que eres digno de recibir amor, tanto de otras personas como de ti mismo.

¡Deja a un lado las ataduras del pensamiento destructivo! ¡Suelta las pesadas cadenas con las que has estado caminando durante tus años de baja autoestima! ¡Abandona la falsa creencia: *"Lo que dicen los demás te tiene que afectar"*!

¡Libérate del poder de las opiniones ajenas! ¡Acepta que tú controlas el estado de tu autoestima! ¡Tú tienes la responsabilidad de cambiar lo que no te gusta! ¡Asume que ya no eres víctima del pasado! ¡Eres el dueño del presente y por consiguiente de tu futuro!

Con esto no quiero decir que vivas sin tomar en cuenta a los demás. Somos seres humanos y hemos sido creados para relacionarnos los unos con los otros. Es un regalo precioso tener la posibilidad de relacionarte bien con las personas con quienes convives todos los días. Una sana interacción con tu prójimo contribuye al desarrollo de un estado natural de auto valoración equilibrada y estable.

Piensa en una persona que conozcas y quién, según tu criterio, tenga un nivel sano de autoestima. Alguien que no se crea superior a los demás, pero tampoco inferior. Alguien que sepa evaluarse a sí mismo con honestidad, reconocer sus fortalezas y ponerlas en buen uso, pero que también sea consciente de sus debilidades e intente mejorar día tras día.

Es probable que esa persona tenga cualidades que tú también poseas. Puede haber muchas posibilidades de que no siempre se haya sentido equilibrado en su vida personal. Quizás haya tenido que superar pruebas difíciles para poder llegar a darse cuenta de que su valía como persona es igual a la de los demás.

Si tienes baja autoestima, deberías preguntarte sinceramente ¿Por qué? Comienza a examinarte y a aceptar que tú también eres especial. Como persona tú eres un mundo lleno de oportunidades, quizás aún sin explorar. Ahora es el momento de cambiar tu forma de pensar, tu percepción de ti mismo, tu auto-aceptación y tu forma de amarte.

Tienes talentos o dones, que te han sido dados para ser compartidos con los demás. Has sido creado igual en valía pero diferente en tu diseño interior y exterior. La vida no tendría tanto encanto si fuéramos todos idénticos. Cuando tu actitud es la adecuada, estas diferencias pueden llegar a ser lo que realmente te une a los demás.

No temas o sufras por ser diferente, por pensar de otra forma, vestirte a tu gusto, seguir a la moda, maquillarte, o no hacerlo, por tener opiniones fuera de lo común, variar en tus creencias o cualquier otra cosa que pareciera hacerte diferente del resto.

Disfruta de la amplia gama de diferencias en tu vida y en las vidas de los demás. Sé tolerante con los que son diferentes a ti, dentro de un ambiente de respeto mutuo. Acepta a todos tal y como son, no esperes a que cambien "a tu gusto" para acercarte a ellos. Una manera de dar valor, aceptación y reconocimiento a las vidas de los demás puede surgir, sencillamente de tu existencia, cuando entablas una relación personal con ellos.

Tu vida no tendría el mismo sentido si no existieran las relaciones interpersonales.

Ser tolerante, vivir en armonía y en paz con los demás es una tarea noble. Aun así, esto no es sinónimo de dejar que los demás tengan poder de decisión en tu vida o que puedan afectarte emocionalmente sin que tú les permitas ese privilegio.

Las relaciones interpersonales profundas surgen de la confianza plena entre ambas personas. Pero ello no implica otorgar el derecho a manipular emocionalmente a la otra persona en tu vida, ni permitir que te afecte.

Nadie más que tú puede sentir plenamente tu alma o tus emociones, esa capacidad es exclusivamente tuya. No es como los programas de televisión en donde ayudan a una familia a renovar su casa. Tu corazón es tuyo y está conectado exclusivamente a tu cerebro. No está conectado al cerebro de tu esposo o esposa, no está conectado al cerebro de tus hijos o nietos, ni a los de los amigos o las personas de tu entorno. Si quieres, tú eres el único que puede realizar mentalmente un "cambio de chip" en tu cerebro. Lo puedes "programar" de tal forma que no te afecten los comentarios indeseados de los demás. Puedes "programarte", o como dicen en la calle "resetearte", para vivir con gozo y disfrutar la vida con confianza, seguridad y felicidad.

El otro día hablaba con una amiga que me explicaba cómo existen personas en su vida, familiares lejanos, a quienes simplemente desearía quitar de su presencia. Llegó hasta el límite de decir "basta ya". Ella deseaba hacer un cambio radical y simplemente no estar físicamente cerca de esas personas. Es una acción que debemos considerar tomar en ciertas ocasiones, sin dejar de reconocer que una decisión de esa índole puede ser complicada. Si una persona que está involucrada en tu vida no aporta nada positivo, deberías analizar seriamente si te conviene seguir vinculado por medio de esa relación. No es un ejercicio agradable, ni te lleva a una decisión fácil de tomar, ya que las consecuencias a veces pueden ser aún más difíciles de afrontar. Sin embargo, puede que acciones de esta índole sean necesarias para seguir adelante en la lucha contra la baja autoestima.

Me gustaría usar aquí un extracto de la conversación que se lleva a cabo en la película animada de Disney: "El Rey León". Simba es el hijo del fallecido Rey León, quien tras un "encuentro" con el espíritu de su padre, habla con Rafiki el mandril:

Simba: "Parece que los vientos cambian".

Rafiki: "El cambio es bueno".

Simba: "Sí, pero no es fácil, sé lo que tengo que hacer pero si regreso tendré que enfrentarme al pasado, y he estado huyéndole desde hace tanto".

Rafiki: (golpea a Simba con su bastón)

Simba: "¿Por qué hiciste eso?

Rafiki: "No importa, está en el pasado"

Simba: "Sí, pero me dolió"

Rafiki: "Ah sí, el pasado puede doler, pero según yo lo veo, puedes huir de él o aprender de él. Huh, ¿Ves? ¿Qué es lo que vas a hacer?"

Muchas veces sabes qué es lo que debes hacer, pero aun así, te cuesta hacerlo. Hoy es un día perfecto para comenzar a hacer lo que tú sabes que es lo correcto para ti. El momento presente es donde vives y actúas, no es en el pasado ni en el futuro, es en el ahora.

Tienes que reconocer que existen hechos de tu pasado que no puedes cambiar, pero sí los puedes procesar, estudiar y sacar de ellos lecciones importantes para tu momento presente. Puedes aprender mucho de tu pasado, en él existen eventos, reuniones, discusiones, rupturas y otros acontecimientos que te han dejado una profunda huella, tanto para bien como para mal. El pasado es un "lugar" que es bueno para ir de visita de vez en cuando pero, como ocurre con otros lugares donde también vas de visita, no puedes quedarte allí para siempre.

Tu vida es como una alfombra hecha de millones de hilos entretejidos, cada hilo es esencial para poder apreciar la alfombra una vez terminada, cada hilo con su propio color y brillo. Un hilo puede ser una persona, una amistad, un hecho, una circunstancia, cualquier cosa, pero cada hilo de tu vida está en tu alfombra, demostrando su color y su fortaleza. Si miras muy de cerca no apreciarás la alfombra, solamente verás hilos enredados. Es necesario dar un paso hacia atrás para poder comenzar a apreciar la belleza que resulta de la unificación de tu pasado, con absolutamente todo lo que contiene, y de tu presente. Tu futuro será lo que determine la calidad del acabado de tu alfombra. Deseo para ti que la alfombra de la vida que estás tejiendo, sea hermosa, que esté llena de hilos coloridos y serenos, hilos de paz y de armonía en el corazón y en la mente.

Si te concentras en aspirar a tener tu Yo interior en paz y armonía en el momento presente, entonces también lo estará tu pasado y si eres consecuente, lo mismo ocurrirá con tu futuro. Tu pasado fue vivido en el presente y tu futuro también será vivido en el presente. Vivir en el presente implica vivir ahora, en este mismo instante, no pensando en lo que pasó ayer, ni en lo que ha de pasar mañana.

¿Estás en paz contigo mismo?

¿Estás en armonía con tu mundo emocional?

¿Todavía es importante para ti lo que los demás piensan de ti?

¡Busca la paz en tu Ser, en tu Yo, en tu individualidad! Pero no la busques en tu ego, que es muy diferente. Ya has aprendido que eres maravilloso, que eres especial, que no hay otro tú. Deja fluir este conocimiento por tus venas, vívelo y verás que la paz que crea tranquilidad y armonía en tu alma no está en horizontes místicos lejanos, está dentro de ti.

Cualesquiera que sean tus circunstancias personales, aprende a vivir una vida llena de paz controlando tus impulsos y tus emociones. Aprende la disciplina de verte desde adentro, de verte desde afuera y de aceptarte cómo eres, pero siempre con la visión de mejorar todo lo que es susceptible de mejora en ti.

Disfruta la oportunidad que tienes cada día para examinarte a ti mismo y descubrir porqué ciertas circunstancias te hacen tambalear. Porqué la opinión de los demás muchas veces nubla la objetividad de tu propia perspectiva, enmascara la opinión que tú tienes de ti mismo y te despoja sin compasión de tu confianza, después de adquirirla con tan arduo trabajo. ¡Cree en ti mismo! ¡Convéncete de que eres capaz de hacer todo lo que te propongas, sin pensar que eres mejor que los demás!

Si todavía te encuentras enredado pensando en "¿Qué dirán?" ¡Despeja esos pensamientos de tu mente! Reemplaza esos pensamientos con un ¿Qué digo yo? ¿Qué creo yo? ¿Qué quiero yo?

¡Confiando en ti mismo ganarás seguridad para alcanzar todo lo que te propongas!

Tú conoces perfectamente lo que te conviene cuando estás conectado con tu corazón, con tu individualidad interior sincera y pura.

¡Tú eres la única persona que puede vivir tu vida! ¡Tus decisiones y acciones tienen todo el derecho de llevar tu firma! ¡Tú tienes la responsabilidad de ser el autor de tu vida! Haz que tus actos sean auténticos y que, al verlos, lo único que la gente pueda comentar sea "Ahí va una persona que es consecuente con lo que piensa, con lo que cree y con lo que hace".

RECONOCIÉNDOTE A TI MISMO

Todos los días haces alguna referencia a lo que eres, a cómo eres, a cómo reaccionas, a lo que opinas, a cómo te gustan ciertas cosas y otras cosas no.

Pasas años pensando que ya te conoces a ti mismo y a veces no te gusta lo que ves, oyes o sientes. Pasas muchos años preocupándote de las apariencias, de lo externo: de si eres guapo, llamativo, hermoso y si serás aceptado por los que te rodean.

Gastas mucho dinero y muchas energías siguiendo modas para estar al día con lo último que ha salido al mercado, como puede ser: ropa, perfumes, libros, tecnología, música, pasatiempos, coches, deportes, ocio, etc. La lista es interminable. Piensas que seguir las modas te hace sentir bien y ser aceptado por tus coetáneos. Puede que ciertos lujos y regalos materiales te proporcionen algún placer temporal, por lo cual los disfrutas, los compartes y piensas que eres feliz.

Sin embargo, puede llegar un momento en tu vida en el que esos sistemas que te aportaban seguridad, estabilidad y tranquilidad se derrumben. Este derrumbe puede estar precipitado por la muerte de un ser querido, la pérdida de tu empleo, la aparición de una enfermedad grave o crónica, la ruptura de la relación con tu pareja, la rebeldía de tu hijo/a adolescente, etc. A veces, simplemente ocurre y no reconoces un detonante concreto.

Lo que sí es seguro es que, tarde o temprano, te llega un momento de crisis en tu vida. No siempre lo reconoces como tal, ya que la palabra "crisis" conlleva connotaciones negativas asociadas a la debilidad, el miedo o el fracaso. Deberías cambiar de perspectiva y considerar que, en realidad, el tiempo de crisis personal es un tiempo maravilloso, es el momento oportuno para re-evaluarte y ser honesto contigo mismo. Solamente cuando llegues a ese punto en el que eres totalmente honesto y justo contigo mismo, podrás embarcarte en un viaje nuevo, lleno de crecimiento y de desarrollo personal.

Si te pareces en eso a mí, seguramente te podrás identificar con el sentimiento expresado en esta frase:

"Has estado criticándote a ti mismo por años y no ha funcionado. Intenta aceptarte y observa lo que sucede" Louise L. Hay

¿Cuántos años has pasado criticándote a ti mismo?

¿Cuántos años has pasado escuchando críticas injustas de otras personas y las has asumido como si fueran ciertas?

¿Cuánto tiempo más te permitirás hacerte daño a ti mismo, creyendo lo que no es cierto?

¿Cuándo dejarás de ser una persona que base su comportamiento en las expectativas de los demás?

¿Cuándo llegarás al momento del verdadero encuentro contigo mismo?

¿Cuándo serás capaz de aceptarte tal como eres?

¿De verdad te conoces a ti mismo?

Como ya indiqué anteriormente, no creo en lo casual, yo creo en las "causalidades". No existe nada que no tenga un motivo, una razón de ser, o para ser así. Incluido tú, que también eres parte de esta causalidad de esta razón con sentido. La manera en que usas e interpretas las que podrían ser consideradas como "casualidades" depende de ti, de nadie más. Tu actitud hacia lo que ves y vives es primordial.

Existen muchas formas de conocerte, de encontrarte a ti mismo. Para conseguir este conocimiento personal existen infinidad de sugerencias, en internet, en la televisión, en la radio, en los libros, etc.

Mi propia experiencia es que yo aprendo mucho de mí misma mirando y observando a la gente que me rodea. De este modo he disfrutado el "efecto espejo" obrando poderosamente en mi vida. El observar a otras personas, y reconocerme en ellas, me ha revelado cosas nuevas sobre mí, ha revolucionado conceptos que pensé que conocía y dominaba, ha reavivado características personales que llevaban años anestesiadas y ha transformado mis quejas en motivos de alegría.

Encontrarte a ti mismo usando el "efecto espejo", como yo lo llamo, quizás te parezca una contradicción, pero es eficaz.

¿En qué consiste exactamente?

El "efecto espejo" no conlleva los problemas egocéntricos que encuentras en el espejo mágico de Blancanieves, que de forma tan malvada usaba la madrastra.

Es sencillamente el reconocimiento de tus propias cualidades o tus características personales en otra persona. Se basa sencillamente en la siguiente premisa: "**Si lo ves en otros, lo tienes en ti**".

No es ningún misterio, no todo ha de estar lleno de poderes místicos ocultos. Poder poner en práctica el "efecto espejo" es simplemente un deleite, práctico y muy real, que yo disfruto de una manera increíble.

No debes confundirte al observar a otros, cayendo en la trampa de pensar que si ves algo que destaca en otra persona, eso significa que tú eres igual a esa persona, o que tienes esa característica destacable.

Más bien, debes sembrar en tu mente la noción de que, al poder ser capaz de identificar algo relevante en otra persona, aceptas que dicha cualidad debe ser de alguna manera también parte de tu individualidad conceptual.

Te animo a caminar por la calle, a estar en tu trabajo, o a realizar tus quehaceres diarios como siempre lo has hecho, pero observando más de cerca tus interacciones con las diferentes personas.

¿Cuáles son las características que ves en ellos?

¿Qué cosas te gustan?

¿Cuáles no?

Mejor incluso si anotas en una libreta lo que vas observando. Medita sobre lo que has observado y pregúntate honestamente si esas características forman parte de tu vida y si lo son, a qué nivel de desarrollo se encuentran en ti. Te aseguro que de esta forma encontrarás, o reencontrarás, muchas características y cualidades que habías descuidado u olvidado.

Recordarás como eras y reconocerás efectivamente como eres.

Es normal recordar que cuando eras niño decían cosas bonitas acerca de ti tales como:

"Qué generoso", "Qué amable", "Qué profundos sus pensamientos para su edad", "Qué atento", o simplemente "Qué mono".

Si no ha sido tu caso, no te preocupes, puede llegar a serlo, pero ya de mayor.

¡Ponte en contacto con tu niño interior!

¡Descubre quién eres!

Mímate con el *"agua y los nutrientes necesarios"* para que puedas crecer y producir fruto, fruto que da vida, a ti y a los demás.

Tú posees muchas cualidades, eres especial. Debes amarte a ti mismo, no en un sentido egocéntrico, sino de una manera sencilla y honesta para que, aprendiendo a amarte, seas libre para amar a otros, con las energías renovadas y las pilas recargadas.

¿Cuándo fue la última vez que te sentaste a pensar en todo lo bueno que tienes, que eres, que haces?

Yo intenté evaluarme hace unos meses, honesta y objetivamente; sin exagerar, ni quitar relevancia a la realidad de mi vida, mi personalidad, mi individualidad, mis características y mis acciones.

¡Fue horrible!

Creo que fracasé por completo. Mi mente divagaba y se iba por extraños derroteros. No me podía concentrar en aspectos positivos y constantemente me sorprendía a mí misma enfocándome de nuevo en mis imperfecciones, en vez de pensar en las cosas buenas de mi vida.

Mi forma de ver la vida ha cambiado desde entonces. Considero que ahora veo la vida con más optimismo. Puedo estar equivocada, pero creo que ahora conozco un poquito mejor a la niña que vive en mí.

Soy más honesta conmigo misma y puedo decir que estoy aprendiendo a amarme un poquito más cada día. Mi diseño como persona es perfecto a pesar de lo que yo creo.

Estoy decidida a demostrar fuerza y aceptación hacia las cosas que no puedo cambiar. Decido reconocerme genuinamente y dejo que otros me animen y me reconozcan.

Mis días ya comienzan y terminan de forma muy linda, sonrío a la vida. Luego tomo tiempo durante el día y en la noche para leer, pensar, meditar y dormir o descansar mientras dure el silencio en mi casa. Antes de salir a la calle en la mañana, busco tiempo para mirarme en el espejo y decir:

"¡Tal como eres te amo!".

Si no eres capaz de amarte a ti mismo, ¿Cómo podrás amar a los demás? Recuerda esto antes de leer, pensar, meditar y dormir. Eso no quiere decir que no quiero crecer, que no quiero mejorar, simplemente es que me acepto como soy y ya no permito que las expectativas que los demás vuelcan en mí sirvan para medir cómo me siento.

He sido una persona muy racional y no confiaba mucho en mi corazón ni en mis sentimientos, los cuales producían emociones, pensamientos y sensaciones que fluctuaban. Por eso, quizás, cuando descubro algo nuevo que me encanta y me hace "sentir" de maravilla, me gusta entenderlo para que forme parte de mi vida por convicción y así ¡Disfruto más las emociones reales y las reacciones físicas que me provoca!

Consideraba que mi vida estaba basada en decisiones racionales, pensaba que así era y me justificaba reconociendo mi colección de hábitos que había recogido como mi personalidad.

Y aunque no hay nada malo en ser así, reconozco que no siempre dejaba que los demás conocieran de verdad quién soy. He pasado demasiado tiempo examinándome a través de mi personalidad. Ahora, en una buena parte, lo he podido cambiar y me veo a través de mi individualidad, quién soy yo en mi interior, no a través de las expectativas o creencias ajenas.

Pienso que no es racional querer identificar qué me ha motivado a vivir como lo he hecho durante tantos años. He vivido de corazón, amando a los demás e intentando ayudarles.

Te animo a embarcarte en este viaje de conocimiento de ti mismo. Comienza haciendo una lista de características positivas que poseas. Más abajo encontrarás una lista no exhaustiva, de posibles cualidades que están vinculadas con el éxito, quizás te reconozcas en algunas de ellas.

No hay dos personas en toda la historia que compartan los mismos caminos, los mismos propósitos. Tu historia es preciosa y particular para ti. Eres tan especial que tu destino es único, pero para poderlo alcanzar e identificarlo, te ayudará mucho el conocerte a ti mismo.

Quisiera concentrarme solamente en las cualidades positivas, es hora de pensar en versión a color y en alta definición para explorar qué es lo que el futuro te puede tener preparado. Intenta identificar cuáles son las que más destacan en ti.

Intenta encontrar en tu lista entre cinco y nueve cualidades con las que te identifiques. Piensa en ellas, o en otras que se te ocurran. Sé honesto contigo mismo. Si lo ves, lo tienes, si no, no te preocupes. Somos todos diferentes, todos hermosos y especiales, según nuestro diseño particular.

Marca con otro color, o subraya, si existen algunas cualidades que son especialmente prevalentes en tu vida, tu personalidad y tu individualidad.

Lista de posibles cualidades positivas personales:

Amable	Alegre
Hospitalario	Optimista
Persistente	Abierto
Espontáneo	Creativo
Cálido	Intuitivo
Leal	Divertido
Servicial	Líder natural
Ético	Energético
Generoso	Puntual
Responsable	Inteligente
Sincero	Racional
Perceptivo	Justo
Dispuesto a tomar riesgos	Buen sentido del humor
Sabe pedir perdón	Curioso para aprender
Comprende a los demás	Perdona con facilidad
Aprende de sus errores	Tiene esperanza
Coopera con otros	Asertivo sin causar ofensa

Este ejercicio no tiene ningún valor místico ni espiritual, es simplemente una oportunidad para poder ser objetivo y justo contigo mismo, reconocer tus cualidades y tener confianza mientras mantienes tus pies en el suelo. Reflexiona, no de una forma egocéntrica ni arrogante, sino examinándote con toda sinceridad para poder descubrir quién de verdad eres, no lo que has llegado a ser por tus circunstancias y por las personas de tu entorno.

Mantener siempre el equilibrio entre confianza y humildad.

Es difícil reconocer aptitudes, habilidades y capacidades de uno mismo. Dependiendo de tu nivel de autoestima, también te puede resultar difícil creer lo que dicen otros de ti. Puedes llegar a sentir una cierta aprensión a creer en ti mismo.

Reconocerte a ti mismo no te hace mejor ni peor que los demás, pero sí te libera de la atadura de ser la persona que no eres. Al reconocer cosas buenas y bonitas de tu propia persona sentirás gratitud en tu vida, verás el mundo desde otra perspectiva y tu paisaje se verá más colorido.

Recuerda, sobre todo, que debes aceptarte cómo eres, sé fiel a ti mismo y muchos te verán, te valorarán y te amarán; el primero de ellos, tú mismo.

Eres capaz, eres maravilloso, eres todo lo que necesitas para alcanzar tus sueños. Eres único y espectacular, eres especial, eres edición limitada... hay un solo "tú", no tengas miedo de ser tú. Vales mucho, eres una persona maravillosa.

Cada día descubres un poco más de ti y eso ha de encantarte.

Piensa en tu vida, examínate, mira lo que te motiva, lo que te mueve.

¿Tus actividades son el resultado de las demandas de los demás o eres tú quien decide qué vas a hacer con tu vida?

Mírate tal como eres, mira a tu individualidad, mira a tu alma y empieza a describir y descubrir lo que ves allí.

¿Cuántas veces reconoces una cualidad tuya?

¿Alguna vez te has dicho: "soy muy sensible, me gustaría ser más fuerte" o "soy muy racional, me gustaría sentir más emociones"?

¿Existen emociones que te hacen sentir irritado en tu interior, son reacciones tuyas que te desconciertan, te hacen dudar de si algún día lograrás conducir positivamente tus sentimientos o actitudes?

Anota al lado de tus características positivas, las emociones y posibles reacciones que son "negativas", sentimientos que puedan producirse como resultado de tu vida diaria. Por ejemplo: yo soy una persona sincera y muchas veces, por ser así, espero eso en los demás. Puede que yo ofenda a otros por decir lo que pienso, como también puede que yo me ofenda o juzgue a otros si no son sinceros conmigo.

Miro mis fortalezas en acción y veo que la contra-reacción, o la contra-emoción, se produce en dos ámbitos: en mi persona y en las personas que me rodean.

Un experimento sencillo para vivir esa sensación es ir por la calle sonriendo, notablemente y genuinamente feliz. Sal de tu casa "maquillado" con una sonrisa. Verás las reacciones de las personas de tu comunidad. Sentirás que algunos te mirarán con desprecio, no quieren aceptar que existen personas con un semblante de alegría.

Otros te mirarán con alegría, con admiración porque ellos también comprenden que una sonrisa es la mejor medicina y les transmitirás paz, tranquilidad y felicidad y seguro que ellos te devuelven una sonrisa.

Es tan importante poder identificar tus características personales, como aprender a entender y dominar las reacciones que provocan en ti. Reconocer que se manifiestan en las relaciones con las personas que te rodean en el día a día te ayudará a ser más sensible a las necesidades de los demás, sin dejar de ser fiel a ti mismo. Debes ser consciente de que tu personalidad puede producir sentimientos o emociones "contradictorios" en tus reacciones y en tus relaciones personales y laborales. Si no aprendes a controlar tu mente y por ende tus reacciones, no podrás aprovechar al máximo tus alegrías y tus momentos de felicidad.

Parece una contradicción el controlar tus reacciones para poder disfrutar de ser tú mismo, pero no lo es. El conocerte a ti mismo no te aísla de otras personas y para vivir plenamente feliz, es fundamental serte fiel a ti, sin dejar de actuar de manera responsable y sensible ante los demás.

Vivir así te acerca a ser tú mismo y verás que personas que piensan como tú se acercarán a tu vida en armonía trayendo consigo felicidad, alegría, amistad, amor y aprecio.

El reconocer honestamente como puedes afectar a tu propia vida, positivamente o negativamente, te acerca a saber vivir plenamente libre. Medita en tus fortalezas, que son todas esas creencias y valores que te engrandecen, y busca oportunidades para usarlas. Pide a Dios, o a tu universo, que te guíe en tu camino, que te ayude a hallar lo que te apasiona y dedícate a ello. Es un ejercicio sorprendentemente liberador, hasta me atrevo a pensar que al conocerte mejor y usar tus fortalezas llegarás a sentirte rejuvenecido.

- Vuelve a encontrarte con el niño o la niña que hay dentro de ti.

- Vuelve a soñar y saber que tus sueños no tienen límites y que son alcanzables.

- Vuelve a amar, a jugar, a reír, a bailar, a saltar, a gozar de los pequeños regalos que la vida te da.

Aprende a amarte, aprende a compartir tu amor con los demás, aprende y acepta que tú eres maravilloso. Acepta que no todos te van a amar por igual, nunca podrás ser amado por todos los que se cruzan en tu camino, sé honesto, ni siquiera Dios ha logrado ese estatus.

Ámate y reconócete como la persona que existe dentro de tu ser, en tu alma, eres tu esencia.

Sacúdete y vuelve a encontrarte con tu individualidad, desligándote de los elementos de tu personalidad que no son consistentes con quien eres de verdad en tu Ser interior.

Te dejo con una poesía compuesta por Lao Tse, filósofo chino, disfrútala, medítala y aplícala.

"ESCUCHA TU VOZ INTERIOR"

No importa dónde estés, ni lo que te digan que debes hacer.
Siempre que tengas una duda, descansa un momento y escucha
lo que te dice tu voz interior.

No te apresures en tu camino, ni sigas los pasos de otros.
Siéntate y descansa un momento y escucha tu voz interior.

Esta es la voz que te busca y guía
El mejor consejo que puedes escuchar
Trae pureza a tus sentimientos y te da la libertad de ser realmente
la persona que quieres ser.

Recuerda: Todas las respuestas que buscas las tienes encerradas
en tu limpia y pura voz interior.

Hacemos una vasija de un pedazo de arcilla: y es el espacio vacío en
el interior de la vasija lo que la hace útil.

Hacemos puertas y ventanas para una estancia;
y son esos espacios vacíos los que la hacen habitable.

Así, mientras que lo tangible posee cualidades,
es lo intangible lo que lo hace útil.

LIBÉRATE DE PREOCUPARTE POR EL DÍA DE MAÑANA

La vida es una sorpresa continua, tu vida diaria te trae regalos todos los días. Estos regalos pueden ser personas, circunstancias, objetos, noticias, sentimientos, rupturas, experiencias, dificultades, enfermedades.

¿Te parece extraño que enumero cosas aparentemente negativas como regalos, como dificultades y enfermedades?

Pues, te diría que es hora de que te das cuenta que es verdad que cada cosa, cada acontecimiento, sin importar qué es, es un regalo en tu vida. Cada suceso es importante, es parte de tu vida, y si lo dejas, te ayudará a descubrirte, a conocerte, a comprenderte, a entenderte y a amarte.

Tu actitud frente a cada situación de la vida te lleva a sentir y a tomar decisiones. Es evidente que tus decisiones tendrán sus consecuencias en el día de mañana, pero no por eso debes llevar al futuro tu mente, tu preocupación, tus esfuerzos.

El único momento que puedes ocupar para cambiar tu futuro es el ahora, el presente.

Desafortunadamente, a veces te quedas contento soñando y pensando en un futuro mejor.

La vida no funciona así, si quieres vivir mejor, ganar más dinero, tener más amigos, ser más feliz, tienes que ponerte en acción, tienes que hacer algo, no es posible avanzar sin movimiento.

Como optimista, me encanta compartir mi sonrisa con los demás y las sonrisas de otros las recibo con mucha alegría.

Sé que no veo mi sonrisa, pero sí la siento en cada parte de mi cuerpo, en cada célula y estoy convencida de que es para mí una gran ayuda. Soy capaz de sonreír ante la adversidad y sé que no puedo evitar sentirme bien cuando sonrío... Sabiendo eso, no me serviría de nada si no lo practicara, es necesario mover mi boca, contraer los músculos necesarios para producir la sonrisa que provoca felicidad en mí y en las vidas de otros.

¿Soy más feliz al compartir mi sonrisa?

- ¡Creo que sí!

¿Qué pasa cuando no quieres moverte?

¿Qué pasa cuando tienes muchas preocupaciones que no te dejan arrancar o despegar?

¿Algunas veces sientes que quieres alcanzar algo, pero reconoces que existe un enfrentamiento de emociones dentro de ti y te sientes estancado?

Todas las semanas recibo un boletín en particular que me hace reflexionar, no por sus palabras filosóficas o sofisticadas, simplemente el mensaje me llega, me reta, me desafía. Es algo que disfruto, espero el día de la entrega encantada, sabiendo que voy a aprender algo nuevo. En uno de esos boletines, solamente el título "Puedes transformarte" fue suficiente para hacerme pensar. Me encantó pero a la vez algo me molestó, me sentía inquieta y sin previo aviso comencé a llorar y llorar. Me di cuenta de que tenía otra oportunidad para reinventar mi vida, para descubrirme, pero con esa revelación también llegaba la responsabilidad de hacer, de actuar.

¿Tienes una meta?

Piénsala, escríbela, compártela.

¿Tienes un objetivo?

Piénsalo, escríbelo, compártelo.

Pero no te quedes ahí, necesitas actuar. Deja de preocuparte por el cómo. ¡Actúa!

Necesitas formular tu plan de acción. Quizás necesites buscar un coach para ayudarte a enfocarte, a definir tus metas, a que te guíe en el proceso de descubrir qué es lo que quieres.

Alguien que te escuche sin darte respuestas concretas, alguien que te ayude a buscar dentro de ti para que des respuesta a tus propias preguntas.

Es vital ponerte metas, vivirlas y actuar... no debes esperar más, hoy, ahora es el momento perfecto para comenzar una vida nueva; una vida donde vivas fiel a ti mismo y a lo que tú quieres.

Ciertamente no todo te irá exactamente como lo planifiques, siempre habrá circunstancias que no te gusten o que te causen conflictos. La aceptación, no resignación, de estos momentos y el seguir avanzando es esencial si quieres progresar.

Pero tan importante es la aceptación como la disciplina de dejar de preocuparte por el día de mañana.

¿Cuánto tiempo pierdes preocupándote por los detalles de tu vida?

Seguramente, con frecuencia te encuentras pensando "¿Pero si tal cosa pasa?"

¡Tengo miedo a fallar!

Te recomiendo que dejes de preocuparte por los posibles escenarios; solo cuando sean reales, entonces podrás hacer algo al respecto, en vez de estar regalando tu precioso tiempo y energías al abismo de la preocupación. Despierta en ti el sentimiento de que lo puedes lograr, en vez de estar siempre pensando en negativo.

¡Deja de preocuparte y comienza a actuar y trabajar hacia tus metas!

Miremos un poco el verbo "preocupar", es importante que entiendas que preocuparse no es siempre algo negativo, hay una forma sana de hacerlo.

El diccionario lo define como "ocupar antes o anticipadamente algo", "interesarse, prestar especial atención a algo".

No es exactamente lo que te viene a la mente cuando piensas en preocuparte. Pero planificar antes de embarcarse en cualquier proyecto es muy sabio y esencial. Planificar exige acción, proyecciones basadas en ideas, conceptos, metas y objetivos específicos, no puedes negar que son actividades muy útiles.

Puedes evaluar esa definición como positiva, es decir, es bueno pensar en el porvenir, estar preparado para lo que nos pueda ocurrir. El don de ver las cosas antes de que pasen puede salvarte de muchas dificultades posteriores, como dice el refrán popular,

"Pensar es gratis, no hacerlo sale carísimo".

Pensando en "interesarte, prestar especial atención a algo" puedes reflexionar que puede ser muy productivo enfocarte en el detalle o en una actividad en general. Pienso en la frase "aprendiz de todo, maestro de nada"; es posible llegar a ser un trabajador o profesional mediocre por el simple hecho de saber un poco de todo y no tomar el tiempo de especializarse o aprender realmente a fondo una cosa, o sea: "prestando atención especial a algo". Con esto no quiero decir que no debemos tener un amplio abanico de conocimientos y talentos, sino que en cada uno de ellos, es bueno pasar tiempo dedicado a aprender bien lo que quieres hacer. Un ejemplo de la vida diaria podría ser cuando vas al dentista. Si sabes que necesitas una endodoncia y te han recomendado ir a un centro que se dedica exclusivamente a ello, irás con más calma sabiendo que es su especialidad, que prestan especial atención al proceso, porque son especialistas en ello.

De acuerdo con lo expuesto, preocuparse debe ser una actividad bastante buena que provoca resultados positivos y hace que las personas puedan lograr grandes cosas en su vida, siendo los mejores en lo que hacen. Sinceramente, no lo puedo negar. Es verdad que la preocupación puede venir asociada con la planificación en el ámbito de la toma de decisiones y la resolución de problemas que te llevarían a una vida mejor y por ende, positiva. En caso de que el preocuparse solamente produjera resultados así, entonces sería yo la primera en promocionar el arte de la preocupación como una metodología para alcanzar el bienestar emocional, personal y laboral.

Sin embargo, existe una gran diferencia entre planificar y preocuparse. Has visto que los aspectos de la preocupación dentro de la planificación son puros y necesarios. Estos aspectos, que están completamente enlazados con la planificación, pueden ser muy positivos, ser fuentes de inspiración y nos pueden ayudar a obtener muy buenos resultados en nuestras vidas personales y laborales. Mientras que especializarte en la preocupación en sí, te produce efectos emocionales que te pueden perturbar y no dejarte vivir en tranquilidad y con calma interior.

Cuando piensas en la preocupación, las dos definiciones previamente expuestas no son las que te vienen a la mente de forma espontánea. Es bueno tener presente que dependiendo de tu perspectiva de cada cosa, objeto o concepto, va a poder ser usado para bien o para mal. En ese contexto, debes de admitir que la reacción normal (aunque no tendría que ser así siempre) con la connotación que conlleva la palabra "preocupación", suele ser negativa; lo cual provoca en ti ansiedad, miedo, un sentir de peligro o de amenaza.

Está más asociado con las otras dos definiciones que también encontré en el diccionario:

"causar o producir intranquilidad, temor, inquietud o angustia" o *"dicho de una cosa: interesar a alguien de modo que le sea difícil admitir o pensar en otras cosas".*

Dependiendo de tu situación personal o laboral tus preocupaciones específicas serán diferentes. Piensa en las cosas que te quitan tiempo, que te quitan tranquilidad, que te hacen sentir miedo, inquietud o angustia.

¿Qué cosas te quitan el sueño?

¿En qué cosas te encuentras pensando cuando estás mordiéndote las uñas?

¿Eres capaz de concentrarte en tu trabajo?

¿Existe alguna preocupación o pensamiento que te estorba, que no te deja tranquilo?

¿Crees sinceramente que existe remedio para estos sentimientos?

¿De verdad quieres hacer algo para cambiar, para tomar el control de tus miedos y tus preocupaciones?

Si estás leyendo este libro, es probable que ya te hayas embarcado en un viaje de auto-ayuda, de auto-descubrimiento y quieras mejorar algo en tu vida. Puede que hayas probado distintas técnicas para eliminar la preocupación de tu vida. Si lo has logrado, te felicito, si no, me gustaría dejarte unos sencillos consejos.

- Identifica las cosas que te preocupan, examínalas y aplica la siguiente oración popular "Dios, concédeme serenidad para aceptar las cosas que no puedo cambiar, valor para cambiar las que sí puedo, y sabiduría para poder diferenciarlas".

- Mantén tu cerebro activo, dedica más tiempo a concentrarte en tu presente, en lo que estás haciendo en este momento. Si no tienes qué hacer, busca un libro y lee, pensando y meditando en la lectura.

- Disfruta de alguna actividad física: sal a caminar y aprecia la belleza de la naturaleza que te rodea, practica tu deporte preferido o aprende uno nuevo.

- No te pongas en marcha o te involucres con algo antes de tener toda la información que necesitas para tomar una decisión con conocimiento.

- Deja en el pasado lo que ocurrió allí, no puedes cambiar lo sucedido, pero sí puedes trabajar hacia un futuro mejor.

- Acepta tu situación actual tal como es, desde ella puedes empezar a trabajar para mejorarla.

- Identifica, con toda honestidad, si lo que te preocupa es de importancia o no.

- Si no puedes dormir por estar preocupado, levántate y haz algo productivo. Te quitará la preocupación y te devolverá el sueño.

- No dependas de cosa exteriores para encontrar tu paz y gozo interior. Decide que vas a vivir una vida feliz y cumple con tu decisión.

- ¡SONRÍE! Regala sonrisas.

- Respira profundo, mejora tu postura y levanta tu cabeza.

- Canta o silba, es difícil seguir preocupado cuando participas en actividades alegres.

- Descubre que al dar importancia a nuestras preocupaciones, les estamos dando más poder y la única persona dañada eres tú mismo.

- Acepta que eres humano y que por consiguiente los errores forman parte de esa condición, ¡No estás solo en esto!

- Ámate y no pienses en lo que opinen los demás de ti.

- Pide perdón a las personas que has ofendido.

- Demuestra gratitud hacia las personas que tienes en tu vida.

- Sé agradecido por todo lo que tienes, piensa en ello, no en lo que te falta.

- Controla tu mente, aprende a fomentar pensamientos positivos y guárdalos en tu corazón

- Date cuenta de que solamente un máximo del 10% de las decisiones en tu vida podrían ser consideradas como errores. Eso quiere decir que posiblemente más del 90% de tu vida es genial, es glorioso y es excelente, es tal cual debe ser. ¿Por qué dedicarle más tiempo al 10% que al 90%? Sé disciplinado en pensar en todas las cosas hermosas que hay en tu vida.

- Dedica tiempo a la meditación y a la lectura.

- Concéntrate en tu respiración por lo menos 10 minutos al día, te ayudará a disminuir tus niveles de estrés y relajará tu cuerpo.

- Tómate unas vacaciones.

- Pasa tiempo con personas positivas.

- Si te encuentras preocupado, distrae tu atención en otra cosa. Piensa en tu película preferida, en una escena que te haga reír y sentirte bien, date el lujo de sentirte genial.

- Si lo consideras necesario, busca un buen terapeuta que te ayude a salir de tu estado de preocupación y desánimo.

- Piensa que eres especial, que tú sí vales y que puedes alcanzar tus sueños.

Evidentemente, se podrían añadir muchas más cosas. No te prometo que siguiendo estos consejos se resolverán todos tus problemas de forma milagrosa, ni soy tan inocente como para creer que desaparecerán tus preocupaciones de golpe, pero si de verdad intentas seguirlos, seguro que notarás mejoría en tu estado anímico y por lo tanto en tu calidad de vida en general.

Notarás que tus preocupaciones no son tan grandes como pensabas y que todo problema que vives y vivirás, tiene y tendrá una solución.

Si ya estás haciendo varias cosas de la lista, date la oportunidad de sentirte bien, debido a que has identificado que estás caminando en la dirección correcta para lograr una vida con menos, o libre de, preocupaciones.

Poco a poco puedes renovar tu confianza, puedes aprender a vivir armoniosamente con tu felicidad interior y a vivir convirtiendo tus miedos en impulsos hacia tu éxito.

Tus miedos ya no serán motivo de preocupación como antes, sino que llegarán a ser motivo para reflexionar, para examinarte con tranquilidad, con calma interior para alcanzar tus sueños y vivir caminando activamente hasta conseguir las metas que te has propuesto.

Dejar de preocuparte no quiere decir que debas dejar de actuar. Para alcanzar el éxito, es necesario poner empeño, es esencial trabajar, pero debes aceptar que el hecho de estar vivo implica que tienes cosas que hacer todavía, con lo cual no es necesario preocuparte. Las cosas te llegarán en su debido momento si estás en movimiento.

Dejar de preocuparte no quiere decir que no vayas a necesitar ayuda de otros. Si sabes que necesitas hacer algo pero no te gusta o no sabes cómo, pide ayuda a alguien que sí sepa y seguro que estará encantado de sentirse útil y apoyarte mientras alcanzas tus metas y objetivos.

Dejar de preocuparte quiere decir que dejarás de vivir pensando en el futuro y empezarás a vivir en el hoy, en el ahora, en este momento. Tus acciones del presente, tus decisiones de este mismo instante tendrán sus consecuencias en el futuro, pero las verás en su momento. De esa forma vivirás mejor, con felicidad en tu corazón y gozo en tu alma. Procura vivir bien, toma decisiones sabias y disfruta de tu presente.

Goza de cada momento que tienes aquí en la tierra, de nada te sirve desperdiciar tu tiempo preocupándote de cosas que no controlas.

Dejar de preocuparte quiere decir que aceptas que no puedes controlar ni resolverlo todo. No puedes controlar como los demás reaccionan o reaccionarán ante tus proyectos, tus ideas o tus opiniones. Sí puedes controlar tu propia actitud y lo debes hacer. Una buena actitud ante la vida, ante los sucesos de la vida diaria te liberará y serás una persona más feliz. En las dificultades, una buena actitud produce un cambio de perspectiva, la aceptación de que todo pasa por algo y la confianza de que todo estará bien.

A continuación comparto la cita completa sobre la actitud, solamente tú puedes decidir cuál será la tuya en este maravilloso viaje que llamamos "la vida":

"Cuanto más vivo, más cuenta me doy del impacto que la actitud tiene sobre mi vida. Mi actitud, para mí, es más importante que los hechos. Es más importante que el pasado, que la educación, el dinero, las circunstancias, que los fracasos, el éxito, que lo que otras personas piensan, digan o hagan. Es más importante que las apariencias, los dones o la destreza. Levantará o hará fracasar una empresa... una iglesia... un hogar. Lo admirable es que día a día es nuestra la elección de la actitud que asumiremos en respuesta a toda situación. No podemos cambiar nuestro pasado... no podemos cambiar el hecho de que la gente actúe en determinado modo. No podemos cambiar lo inevitable. Lo único que podemos hacer es tocar la única cuerda que tenemos, y esa es nuestra actitud. Estoy convencido de que la vida está constituida por un 10% de lo que me ocurre y el 90% de cómo reacciono ante ello. Y así es también contigo... En todo momento somos responsables por nuestra actitud. En efecto, nuestra manera de ser depende eternamente de nuestra actitud."

Charles Swindoll

TUS PENSAMIENTOS TE DIRIGEN

Muy a menudo puedes encontrarte pensando y anhelando cosas materiales, estados emocionales, condiciones intelectuales o posiciones laborales que simplemente no son tu realidad.

Pocas personas tienen un coeficiente intelectual que les permita pertenecer a grupos selectos. Pocos son los que poseen un puesto de trabajo que les permite disfrutar de varios períodos de vacaciones al año, con viajes a lugares exóticos con toda su familia. Tristemente, pocos vivimos vidas de paz y de gozo interior.

¿Por qué no miras a tu alrededor y simplemente te sientes tranquilo, feliz, alegre y gozoso de lo que ya existe en tu vida y es bueno?

Existe un término budista *"om shanti"*, me lo pusieron como comentario en mi página de facebook. No sabía lo que quería decir, así que lo busqué y significa:

"el sonido del universo es paz".

Es un concepto muy bello, pero me gustaría plantearlo de otra forma, que el universo viene de Dios, Dios es paz, por eso el sonido del universo es paz. Dios es la fuente de paz, todo lo que viene de Dios la tiene.

Mira al universo, medita un poco.

¿Cuándo has visto al universo preocuparse de lo que no es, de lo que no tiene?

El universo simplemente es como es, fluye e inspira.

De igual manera, nunca ganarás nada pensando en ser esa persona que deseas ser pero que no eres tú. Así sólo perderás tu valioso tiempo y el sueño. Tendrías que aceptarte tal y como eres: una persona maravillosa; vivir tu vida alegremente, aceptando tu realidad, consciente de que nada es imposible y que si lo deseas y crees en ti, puedes alcanzar tus sueños.

¿Cuánto tiempo has perdido pensando en lo que no quieres que pase en tu vida?

¿Alguna vez te has encontrado en un mundo de fantasía, pensando y considerando el "y si..."?

Despójate de estos falsos pensamientos y comienza a darte cuenta que lo que eres hoy día, es lo tú has decidido ser, y lo que serás y tendrás depende de lo que estás decidiendo y haciendo en este mismo momento.

Tu propia vida es hermosa, no intentes vivir una vida ajena. Cada segundo de tu vida es importante, ser consciente de tú presente también lo es, ya que cada momento afecta a tu futuro.

El soñar es de una belleza incalculable y es fundamental si quieres progresar, desarrollarte y avanzar en tu vida, pues también es necesario para saber hasta dónde quieres llegar.

Es cierto que has de crear y fijar tus propias metas y objetivos. Encontrar el propósito de tu vida, lo que deseas de todo corazón, tu ser interior te dará alas y te mostrará que es bueno soñar, pero es importante no perder de vista tu realidad.

No puedes vivir con tu cabeza en las nubes, tus pasos solamente se convierten en pasos reales y se materializan aquí, sobre la tierra, en el presente, en tus acciones. ¿Vives en la vida real?

Lo que posees, lo que puedes llegar a ser o tener, lo que deseas ser en tu interior, esa es tu realidad. Soñar sí, pero en el presente, actuando ahora para tener un futuro mejor y ser consciente de ello.

Lo que domina tus pensamientos es lo que termina siendo real en ti. Tus pensamientos pueden ser tus peores enemigos. Los pensamientos negativos muchas veces llegan a ser la realidad de tu vida, porque has dejado que sea así, en vez de mirar a la vida siendo positivo para buscar activamente algo mejor. Puedes evitar esto aprendiendo a controlar tu mente, tus pensamientos y los deseos de tu corazón. Es esencial vivir en el momento presente, aceptando tu realidad con gratitud, viviendo una vida congruente con lo que quieres, pero sin preocuparte por lo que no es tu realidad.

Al igual que el universo y la creación simplemente fluyen, así también fluye tu vida. Mientras tu andar por la vida te lleva a dar los pasos adecuados, tomando lo que para ti serían las decisiones más acertadas, lo bueno y positivo que deseas para tu vida, también llegará con el tiempo.

No digo que tu camino será fácil, es prácticamente seguro que tendrás que superar muchas pruebas y habrás de aprender de tus errores.

Usarás fuerzas y talentos que ni siquiera sabías que poseías para enfrentarte a nuevos retos. Te animo a seguir con perseverancia, no dándote por vencido nunca. La rendición no es una opción.

Llegar a tener algo material o ser una mejor versión de ti mismo toma tiempo y dedicación, los cambios no se producen de la noche a la mañana.

Es necesario trabajar diligentemente para poder alcanzar tus sueños. Enfocando tu mente hacia tus metas con pensamientos positivos, podrás alcanzar niveles nuevos de felicidad, alegría y gozo. Así que, no pierdas más el tiempo, ponte a trabajar en tu éxito ahora, en el presente, justo en este instante.

Todo esto suena demasiado fácil, parece muy sencillo. Por un lado lo es, pero requiere acción, requiere el deseo de ser positivo y querer cosas buenas para uno mismo.

LA GRATITUD EN EL PROCESO DE LA TRANSFORMACIÓN

Creo que la transformación del espíritu de una persona también transforma las vidas de las personas que lo rodean.

En tu vida existen otras personas, por lo tanto no te empeñes en vivir solo; es imposible, no importa donde vivas. Aun la persona más solitaria necesita de otros y aunque no tenga contacto directo con ellos, sabe que están allí. Analiza tu vida diaria, sin moverte de tu casa.

¿Cuántas personas trabajan en la compañía que suministra la electricidad a tu hogar?

De igual manera están las personas que trabajan en la compañía de agua, el supermercado, la compañía telefónica, correos, gasolineras, bancos, hospitales, transporte público, etc... Son personas que aunque reciben su salario por el trabajo que realizan, están al servicio del público en general, y cuando no hacen su trabajo bien, sentimos el efecto en nuestras vidas.

¿Cuándo fue la última vez que sentiste gratitud hacia esas personas?

¿Cuándo fue la última vez que expresaste gratitud a alguien por hacer bien su trabajo?

La existencia, o la inexistencia, de la gratitud en tu vida cambiará tu futuro de una manera espectacular, para bien o para mal. ¡Depende de ti y solamente de ti!

PIENSA EN LO QUE SÍ QUIERES

Pasas mucho tiempo de tu vida pensando en qué es lo que no quieres:

no quieres enfermarte,

no quieres ser pobre,

no quieres suspender exámenes,

no quieres tener un accidente,

no quieres ser infiel a tu pareja,

no quieres que nuestros hijos se porten mal,

no quieres ver sufrir a las personas que amas,

no quieres cometer errores,

no quieres que piensan mal de ti....

La lista puede ser interminable.

¿Alguna vez te has preguntado por qué piensas tanto en lo que no quieres y tan poco tiempo en lo que sí quieres?

Has de admitir, aquí y ahora, que pensar en lo que no quieres es una pérdida innecesaria de ese tiempo que consideras tan valioso. Todo el tiempo malgastado en pensar así ya se ha ido para nunca más ser recuperado.

¿Pasas tiempo preocupándote por lo que podría suceder?

¿Estás agobiado por lo que no quieres en tu vida?

Si es así, es tiempo de reflexionar, de tomarte una pausa, de meditar, de borrar la pizarra de tu vida y comenzar desde el momento presente, a vivir tu vida de otra forma. Si no lo haces estarás continuando en una vida de pérdidas:

- pérdida de esfuerzo,
- pérdida de salud,
- pérdida de tiempo,
- pérdida de paz
- pérdida de la tranquilidad en tu espíritu.

Para poder alcanzar tus sueños y vivir una vida llena de alegría, es necesario que te des cuenta que vivir el presente es saborear el privilegio de reconocer que cada instante es irrepetible y único. Es mirar todo lo que hay a tu alrededor y estar contento, aceptando lo que contiene el momento presente como si fuera el anhelo más profundo de tu corazón.

Abre tu corazón y abre tus ojos, fíjate en las cosas pequeñas para ver de cerca la hermosura de tu vida diaria.

¿Te has dado cuenta de tú existencia?

¿Te conoces?

¿Te amas?

...Si no es así

¿Cómo esperas que los demás lo hagan?

... Entiende lo especial que eres, conoce tu corazón y ámate tal como eres.

Considera los grandes regalos que la vida te da y sé feliz.

Sal a caminar, observa el mundo que te rodea con nuevos ojos, con el corazón abierto y con el entusiasmo de un niño

¡Debes aprender a celebrar lo bueno y a celebrarlo bien! Ama, sonríe, ríe, abraza, juega, no dejes que tu felicidad dependa de nadie más que de ti.

Construye tu felicidad, sonrisa a sonrisa; piensa en positivo, el idioma dc los optimistas.

Deja crecer los pensamientos bellos en tu interior, planta armonía en tu alma y riégala con mucha calma interior. No olvides que tus diferencias añaden encanto a tu vida, aprovéchalas para mejorar un poco cada día. Pasa tiempo identificando dónde has de mejorar, pero no te quedes ahí.

COSECHARÁS LO QUE SIEMBRAS

Yo solía tomarme mi vida demasiado en serio. Por mi bien, aprendí a ser más honesta conmigo misma. Hoy en día, me río más a menudo de las tonterías que hago o digo. Uso más mi risa, mi sonrisa y mi carcajada, me siento cada vez mejor. Siento que mi alegría aumenta porque mi perspectiva ha cambiado, creo que cada día puede ser mejor que el día anterior. Mi vida es especial y es mía, mis decisiones presentes determinan mi futuro. Tu vida es especial y es tuya, por tanto tus decisiones presente determinarán tu futuro.

Hay una frase muy antigua que dice: "Cosecharás lo que siembras"; entonces, siembra amor, paciencia, paz, esperanza, felicidad, alegría, bondad, perdón, aceptación, gozo y todo lo que es bueno y positivo.

¿Qué piensas hacer con tu día de hoy?

¿Qué sembrarás en tu vida y en las vidas de los demás?

¿En qué estás pensando en este instante?

Quizás estás dudando de tu capacidad de sentirte mejor o estás preocupado por algo que está presente en tu vida. Eso te hace dudar si eres capaz de aportar cosas buenas a tu vida y a las vidas de los demás. Esas dudas son normales, son naturales, nos llegan a todos, no solamente a ti. Pero igual que llegan se deben ir, no permitas que los pensamientos negativos de esta índole moren en tu mente para siempre. Es imposible manejar todos tus pensamientos, son demasiados, pero sí puedes aprender a direccionarlos, comenzando por controlar tu mente y así tu estado de ánimo y finalmente el caminar de tu vida. Te animo a que emplees tu tiempo en cosas pequeñas, que a su vez son muy importantes. Pasa tiempo jugando, riendo, paseando, comiendo en familia o con los amigos, cantando o bailando. Aprende lo maravilloso que es aceptar que puedes ser feliz donde quiera que estés, la felicidad está dentro de ti, siempre ha estado en ti

LA ADAPTACIÓN EN TIEMPOS DIFÍCILES

El sabio se adapta a las condiciones exteriores para tener paz interior. Podrás tener paz y armonía en tu vida cuando encuentres gozo en tu alma y felicidad en tu corazón.

Vivir en un estado de paz y felicidad requiere disciplina, requiere la firme decisión de disfrutar cada segundo de la vida, de aceptar cada realidad de nuestras vidas como algo que nos beneficia y nos llevará a mejores momentos.

"Para ser una estrella debes hacer brillar tu propia luz y seguir tu propio camino. Tampoco debes preocuparte por la oscuridad, pues es allí donde más brillan las estrellas" (Anónimo)

Leí por primera vez esa frase cuando vivía un periodo muy difícil en mi vida. Estaba embarazada y por circunstancias laborales vivía con pesadillas, no tenía paz ni sentía la felicidad que sí moraba en mi interior. Mi vida parecía estar llena de nubes, no veía con claridad hacia dónde iba ni tenía noción de hacia dónde quería ir. Tenía muy presente lo que no quería, pero la visión de lo que sí quería estaba distorsionada y opaca. Aun así, nunca abandoné la esperanza y la fe de que mi vida tomaría un nuevo cauce y mejoraría.

Volví a leer la frase hace poco y encontré inspiración y alegría. He crecido entre las dos lecturas, he cambiado, veo con claridad que quiero ser feliz y que eso solamente depende de mí. Veo que tengo un propósito especial en mi vida y aunque no siempre logro verlo nítido, es necesario seguir caminando en la dirección correcta, hacia él. Mi perspectiva ha cambiado y me doy cuenta que, al igual que tú, puedo ser fuente de luz y alegría en la vida de los demás, quizás aún más en los tiempos difíciles.

Viví muchos años en la cuenca Amazónica Boliviana. Durante ese tiempo, una de mis actividades favoritas era salir de la ciudad en mi moto, de noche, para ir a mirar el cielo y sus estrellas. Eran momentos de meditación profunda y sanación para mi alma a niveles que las palabras simplemente no pueden describir.

Para ello esperaba una noche sin nubes, buscaba un camino por donde no había alumbrado público y donde sabía que no me encontraría con mucho tráfico. Para no ver el reflejo de la luz urbana tenía que distanciarme por lo menos unos 20 kilómetros de la ciudad. Al hacerlo y al echarme sobre mi manta en el suelo, veía la inmensidad de nuestra galaxia; veía como, efectivamente, es más notable como brillan las estrellas allí en la oscuridad.

Preciosos recuerdos de momentos que no se borrarán con facilidad de mi mente.

Encontrar tu brillo en tiempos de desafíos, u oportunidades y tener el valor de demostrarlo te hará crecer, te hará madurar y te hará ganar la apreciación de los demás.

Brillarás como la estrella que eres, única y especial.

Demostrando que no le temes a los momentos difíciles les quitarás el poder que tienen sobre tu bienestar, tu mente, tu corazón, tu alma y tu vida; vivirás liberado del miedo al día de mañana. Comienza a vivir la eternidad ahora, en el momento presente, con alegría en tu alma.

VISUALIZA TUS DESEOS

Recuerdo un día en la escuela primaria en el cual mi profesora me hizo pensar en mi futuro. Dibujé como quería que fuera mi casa y mi familia; me hizo imaginar si tendría hijos y en qué trabajaría. En otras palabras, me llevó a mi futuro presente deseado, era un ejercicio que producía sentimientos de ilusión y de felicidad.

Piensa qué es lo que quieres en tu vida, deséalo, vívelo, ten fe y cree en ello. Intenta no poner límites a tus peticiones. Me gustaría que pienses como si tuvieras todo el tiempo del mundo y todo el dinero necesario para cualquier deseo imaginable. Toma un papel, y comienza a escribir lo que has pensado.

Si lo deseas, divide tus deseos por categorías, por ejemplo: emociones, familia, relaciones, salud, trabajo, posesiones, etc.

Nadie te va a pedir ver tu lista, así que sé completamente honesto contigo mismo. Anota tus sueños, tus metas, cómo quieres que sea tu vida realmente y cree que todos tus sueños se pueden cumplir.

Ahora cierra tus ojos y visualiza que ya tienes todo lo que has anotado... absolutamente todo.

¿Cómo te sientes?

Si has hecho el ejercicio debes sentirte de maravilla, con deseos de brincar de alegría y compartir tu vida hermosa con los demás. Te sientes en calma absoluta porque se han cumplido tus sueños. Si no te sientes de maravilla, debes ser honesto contigo mismo y ¡rehacer tu lista!

Es bueno soñar, y debes tener presente que al igual que la planta crece, florece y muere, también tú posees un ciclo de vida. La diferencia está en que eres tú quien decide qué olor, qué color y qué altura tendrá tu vida.

Es probable que estés pensando "muy bien, y ahora vuelvo a mi realidad". Cierto, tienes toda la razón, no lo niego.

Vives todos los días con tus sueños, tanto si piensas que todo es posible como si no, existe algo que tiene que pasar para que se hagan realidad... trabajar en ellos. Me encanta la palabra coloquial "currar"... significa mucho más que simplemente trabajar; es trabajar con ahínco, casi golpeando, empleando toda la fuerza que tenemos para poder lograr terminar ese trabajo que parece ser tan necesario, como el respirar mismo.

¿Estás dispuesto a "currar" por lo que quieres, o simplemente deseas que todo lo que quieres llegue a tu vida sin esfuerzo, como por arte de magia?

Te guste o no, son muy pocas las personas que logran tener éxito sin trabajarlo antes. Piensa en tu lista de lo que quieres, vuelve a escribirla, tenla presente contigo cuando estés trabajando, motívate a seguir adelante. Modifícala si ves que en verdad quieres otra cosa en tu corazón. El camino se hace al andar, el éxito se logra al trabajar, tus sueños se alcanzan caminando y trabajando.

Espero que disfrutes y te haga pensar esta reflexión de Luis Caso Palpa – Consejos para la vida y el trabajo:

Tu vida es del color de tus pensamientos, si piensas cosas tristes, estarás triste; si piensas cosas alegres, estarás contento; como ves, tu vida depende de tus pensamientos, tal como piensas, así eres.

Controla tus pensamientos y no dejes correr tu imaginación con temas que dañan tu espíritu, no seas como muchas personas que carecen de determinación para ponerse en acción por las cosas buenas que anhelan.

Sé dueño de tus pensamientos, de tus emociones, de tus actos. No olvides que tus pensamientos forjan tu personalidad y tal como piensas, así quieres ser y así serás.

Sólo siendo auténtico y sincero puedes ser verdaderamente libre.

LIBÉRATE DE LAS REACCIONES QUE NO TE CONVIENEN

¿Eres como crees que eres?

¿Eres como te ven los demás?

¿Eres como realmente eres?

¿Eres siempre igual?

Lo mejor es aceptarte cómo eres y tratar de mejorar cada día. Pero sin castigarse... todo está bien.

Hoy no eres el mismo de ayer y mañana no serás el que eres hoy. Todo cambia, crece, evoluciona. Sabes más hoy que ayer y te sientes diferente, aprendes mucho todos los días, este es el proceso maravilloso de la maduración y el crecimiento.

Quisiera hacerte pensar un rato en las personas que te influencian. No las personas que te han impactado o ayudado en el pasado, quiero que te enfoques en el día de hoy. Piensa un momento en las amistades que tienes. Concéntrate, identifica tus amigos, conocidos, compañeros de trabajo, piensa también en tus familiares.

¿Con quién pasas mucho o la mayoría de tu tiempo?

Lo creas o no, es un hecho reconocido que con el paso del tiempo te parecerás más y más a las personas con quienes pases tiempo regularmente. De la misma manera que es usual que las personas que se parecen se atraigan, también es frecuente que tu personalidad se afiance con las de las personas que son parte de tu vida. Debes tomar un momento para contemplar si las personas que te rodean te permiten expresar tu individualidad sin sentirte juzgado.

Puede que todos tus amigos sean formidables, que estés rodeado de un equilibrio perfecto de amigos, familiares y colegas: personas que te motivan, te inspiran, te apoyan en la realización de tus proyectos de trabajo y personales, que te ayudan a alcanzar tus metas y sueños, que te miman y te hacen sentir amado. Vivirás encantado de la vida si es así.

La realidad para la mayoría de las personas, sin embargo, es otra.

¿Quién siente alegría cuando ha sido sorprendido por la falta de apoyo de algún familiar cuando más necesitaba de su ayuda y comprensión?

¿Quién no ha sentido molestia en el trabajo por algún colega que pasa por alto sus sugerencias o su autoridad?

¿Quién no ha sufrido la emoción de la decepción por la actitud incomprensible de un amigo?

¿Quién no se ha sentido molesto en la relación de pareja?

Comprende que es normal no tener relaciones personales perfectas con todos. Las experiencias de la vida son las piedras que la vida pone en tu camino, eres tú quien decide si las usas para construir algo útil o si las usas para lanzarlas en dirección a la otra persona y así hacerle daño. Las relaciones interpersonales también son así, podrás aprender algo útil para tu vida con la entrada o salida de cada persona. Así lograrás sacarle el brillo a cada piedra, convirtiéndola en joya. Depende de ti.

Sin embargo, cuando las malas actitudes y la falta de apoyo constante te mantienen en un estado de ánimo muy bajo; o tu vida profesional es debilitada continuamente por las ambiciones de otros, debes comenzar a preguntarte si hay algo que puedes hacer o cambiar para mejorar la situación. Si no estás a gusto en tu entorno laboral o tu vida personal, debes examinar seriamente si te conviene estar donde estás.

No pretendo decir que debes abandonar tu vida o cambiarla por completo, pero creo que es muy importante que sepas que puedes cambiar las cosas negativas de tu vida.

En el caso de que no puedas cambiar las cosas negativas, aun así, sí que podrás cambiar tu actitud hacia ellas. Será por tu propio bien que cambies tu forma de ver las cosas y tu forma de reaccionar ante los problemas. Si descubres con claridad que necesitas hacer cambios radicales en tu vida, debes hacerlos. Debes saber y recordar que tú eres especial y mereces ser tratado como tal. Considera si las personas que te rodean te aceptan como eres y te hacen sentir especial.

¿Tu familia te apoya?

¿Tú demuestras comprensión y apoyo a tus familiares?

¿Estás feliz en tu trabajo?

¿Haces todo lo posible para que tus jefes estén contentos contigo?

¿Tus amigos son verdaderos?

¿Eres tú un amigo sincero y genuino?

¿Tu pareja te ama de verdad?

¿Amas de verdad a tu pareja?

¿Eres fiel a ti mismo y te das a los demás sin esperar nada a cambio?

Sé que no son preguntas fáciles de contestar. Sé honesto contigo mismo mientras piensas en ellas. Léelas de nuevo, más despacio:

¿Tu familia te apoya?

¿Tú demuestras comprensión y apoyo a tus familiares? ¿Estás feliz en tu trabajo?

¿Haces todo lo posible para que tus jefes estén contentos contigo?

¿Tus amigos son verdaderos?

¿Eres tú un amigo sincero y genuino?

¿Tu pareja te ama de verdad?

¿Amas de verdad a tu pareja?

¿Eres fiel a ti mismo y te das a los demás sin esperar nada a cambio?

RELACIONES Y REACCIONES

Observa que en el título principal de este capítulo he dicho "reacciones" y no "relaciones". Inicialmente consideraba la importancia de decidir con quién me relacionaba, pero me doy cuenta que esa no es la solución. Veo como mi vida fluye y observo mis emociones cuando diferentes personas entran y salen de mi vida.

Soy testigo de que las personas que no tienen que estar en mi vida, salen de ella, es sólo cuestión de tiempo. Lo que me fascina es cómo todo parece sincronizado, no pasa nada en la vida que no tenga su motivo, de eso estoy segura. La vida es una aventura, a veces es un viaje en una montaña rusa, a veces es un paseo en globo aerostático, pero siempre es una experiencia para amar, disfrutar, aprender y madurar. Siento que muchas personas han dejado huellas en la aventura de mi vida, en mi corazón.

Aprendo y crezco cada vez que alguien entra o sale de mi vida: algunas veces a través de las dificultades y otras veces por haber disfrutado inmensamente de nuestra relación.

Existen personas que aunque no están presentes en tu vida física, siempre tendrán su lugar en tu corazón. Incluso habrá personas o personajes que han impactado tu vida sin conocerlos personalmente; con la revolución tecnológica eso se hace cada vez más posible.

Para mí, una "relación" es el trato, la comunicación entre personas, es una conexión entre dos personas. En cambio, una "reacción" es la respuesta a un estímulo y sigue la ley de la causa y el efecto. Para cada reacción existe otra reacción, por lo cual una reacción siempre procede de una relación anterior de algún tipo.

La manera cómo reaccionas ante las circunstancias determinará la naturaleza de tu vida interior y definirá el nivel de éxito espiritual, personal y profesional que tendrás en tu vida. Es cierto que no siempre puedes predecir o pronosticar qué pasará para reaccionar acorde a ello, pero debes ser consciente de que cada reacción en el presente tendrá su consecuencia (o contra-reacción) en el día de mañana.

LAS REACCIONES EN LA FAMILIA

Me refiero a la familia de origen, tus abuelos, tus padres, tus hermanos, tus primos y tus hijos... las personas que, te guste o no, son tu familia. No estoy hablando de la relación de pareja, la cual veremos más adelante. Tú no has escogido a tu familia, simplemente son tu familia porque, en la gran mayoría de los casos, la sangre los une. Debes valorar la relación que tienes con ellos y preguntarte si puedes hacer algo para mejorarla.

Si tus relaciones personales dentro de tu familia han sido dañadas por reacciones tuyas en el pasado, debes intentar sanar este daño. Es bueno practicar el pedir perdón y el extender perdón hacia los demás, aun cuando no es solicitado.

Antes mencioné la limitada relación que tengo con mi padre. A pesar de esto, hace unos años le escribí una carta agradeciéndole por ser parte de mi vida, por todo lo que he aprendido de él y pidiéndole perdón por no ser la hija que él hubiera querido que yo fuera. Escribirle ha sido algo muy beneficioso para mí y no dudo que también ha provocado una reacción positiva en el corazón de mi padre. Cuando volví a leer la carta que le escribí me di cuenta de que la base fundamental era el perdón y mi reacción ante nuestra relación: el perdonarme a mí misma; el perdonar a mi padre; el pedirle perdón y mi reacción de comprensión ante las circunstancias. Les comparto una sección del comienzo y otra de la final:

"Reconozco haber hecho cosas en mi vida que probablemente te han causado dolor, confusión y consternación. Por favor, ¡Acepta mis disculpas! Quiero que sepas que he hecho cosas buenas, que mi vida no ha sido un desperdicio y que muchas personas se han beneficiado de los valores y de la ética de mi trabajo, de los cuales, tú eres responsable. El tiempo vuela y nuestra experiencia en la vida crece, uno cosecha lo que siembra. Podemos escoger aprender de nuestros errores y nuestras dificultades o dejar que nos depriman. Yo he decidido aprender, crecer y madurar, aunque muchas veces tarde mucho en hacerlo.

.....Es mi esperanza y el deseo de mi corazón que esta carta te ayude un poco, a comprenderme, a conocerme como auténticamente soy yo y que sepas que estoy agradecida con mi vida y que te amo.

Es verdad que la relación que tengo con mi padre no es la ideal, pero dadas las circunstancias presentes mi reacción es positiva, he tomado acción para mejorar la situación, no para empeorarla.

¿Y tú?

¿Existen relaciones dentro de tu familia que no son ideales?

Si es así, considera tu reacción ante ellas, examínate y pregúntate si hay algo que puedes cambiar o hacer para mejorarlas.

LAS REACCIONES EN EL TRABAJO

Si trabajas fuera de casa, tu lugar de trabajo será el lugar donde pases quizás la mayor parte de tu día. Aunque seas la única persona en tu empresa, igual tendrás que relacionarte con tus proveedores, tu publicista, tu electricista, tus clientes, etc. Donde quiera que haya más de una persona, encontrarás que no todas las opiniones son iguales.

¡Existirán tantas opiniones acerca de un tema como personas haya que expresen su opinión!

Está claro que siempre debes ser tú mismo, siempre habrá quien no te quiera, no te preocupes. No cambies por nadie, excepto por ti mismo. Acéptate cómo eres, sé fiel a ti mismo y muchos te verán, te valorarán y te amarán por quién realmente eres. Analiza si eres una persona que estimula el trabajo en equipo, si compartes tus conocimientos sin mesura o si eres egoísta con tu saber.

¿Cómo reaccionas en momentos de desafío personal en tu trabajo?

Es natural que te demuestres defensivo, pero no siempre es bueno. La vida te da oportunidades hermosas, depende de tu actitud saberlas aprovechar. Los desafíos son regalos, son oportunidades para mejorarte y alcanzar nuevas metas. Estás a la altura, sólo tienes que demostrarte a ti mismo que es así.

¿Cómo reaccionas ante la demostración de odio y desprecio por parte de un colega?

Pienso que cada ser humano tiene algo precioso para aportar a la vida de los demás. Si una persona reacciona de esa manera hacia ti, es que no te conoce. Haz el bien de todas formas, eso ayudará a que tu vida fluya como un río. Aunque habrá momentos en los que el curso de tu río pareciera que nunca fuera a llegar a donde quieres ir; sigue adelante, todo llegará en su momento. Siempre habrá malentendidos, no te agobies, todo va bien.

También puede surgir malestar en el lugar de trabajo cuando existe cotilleo y divisiones entre el personal. Aunque esto es algo esperado cuando hay varios trabajadores juntos, la forma en que reacciones ante los demás te afectará y afectará a otros. Intenta siempre ser justo en tus pensamientos, en tus palabras y en tus acciones. Si te encuentras en una situación en la que, por tu posición, tienes que juzgar a tus colegas, hazlo con medida, sé siempre imparcial y equitativo.

LAS REACCIONES CON LOS AMIGOS

Rodéate de personas que te motiven, que te animen, que te valoren y que te ayuden, porque los amigos verdaderos son la familia que uno escoge. Los verdaderos amigos te ayudan a crecer y madurar alegremente, sin darse cuenta de que lo han hecho. Los amigos que te aman te apoyarán con sinceridad y te dirán cosas que quizás no son agradables de oír. Sé siempre honesto contigo mismo, reconociendo tus errores, tus debilidades, tus flaquezas y, sobre todo, sé agradecido cuando un amigo te ayuda a crecer. Las relaciones personales se basan en la verdad, tus verdaderos amigos te amarán conociéndote tal como eres, incluso con tus defectos. Elije bien a tus amistades, sus energías se reflejan en ti. Cuando te ves reflejado en otras personas aprendes de ti mismo. Es muy hermoso ver características positivas de ti mismo en los demás. Tómate tiempo para observar a tus amigos, aquellos a los que acudes cuando tienes algo que contar, algo que preguntar, algo que lamentar.

¿Cómo son?

¿Admiras lo que ves en ellos?

Espero que sí, de otra forma, no estés siendo leal a ti mismo y estás viviendo una ilusión. Las personas con las que te relacionas dan significado a tu vida y tú a la vida de ellos.

¿Qué haces cuando un amigo está desanimado?

¿Lo dejas tranquilo diciendo "ya se le pasará"? o

¿Te preocupas por pasar tiempo con él?

La amistad crece cuando la riegas con el don de escuchar y con el arte de entender. Ser un buen amigo es apoyar y amar sin juzgar. La alegría que puede sembrar una sonrisa sincera, de corazón, de un amigo genuino es inmensurable. Antes de reaccionar ante una situación, pregúntate cómo te gustaría que te trataran, cómo te sentirías tú en esa situación.

¿Cómo reaccionas cuando un amigo ve la necesidad de reclamarte algo o de corregir algo que ha visto en tu comportamiento?:

¿Te pones a la defensiva? o

¿Aceptas su consejo pensando que lo hace con amor?

El amor en la amistad es como la sal del mar, te hace flotar y te lleva a lugares desconocidos. Ese mismo amor puede producir una reacción no tan placentera en ti si, como la sal, toca una herida emocional abierta.

Si son palabras verdaderas debes confiar que eso es bueno, porque con el paso del tiempo quedarás agradecido y te darás cuenta de que ese amor, que en su momento parecía sal en una herida, en realidad era un caramelo de sabores exquisitos para tu corazón.

Si encuentras que un amigo necesita tu ayuda,

¿Tu reacción es prestar tu tiempo, tus recursos? o

¿Intentas evadir la responsabilidad y te alejas?

Tu reacción en momentos de necesidad te indicará el nivel de amistad que tienes y te dirá qué tipo de amigo eres tú.

Un proverbio bíblico que resume esto perfectamente dice: "El hombre que tiene amigos ha de mostrarse amigo; y amigo hay más unido que un hermano".

Tus amistades y tú forman un equipo. No todos los miembros del equipo serán iguales, aunque tendrán muchas cosas en las que se parezcan. Dentro del equipo cada uno tendrá su función. La fortaleza de uno será animar, la de otro será escuchar, la de otro será hablar, la de otro será la sabiduría, la de otro ser el comediante del grupo, etc. Lo bonito es reconocer que tus verdaderos amigos son tesoros, trátales como tales, ayudándoles a crecer y a brillar, también en sus momentos de melancolía.

La amistad sincera produce frutos buenos y duraderos. Mi experiencia personal es que de vez en cuando Dios te envía personas que dejan una profunda huella de amistad en tu corazón. Esto es motivo para celebrar, te animo a que lo hagas.

Puedes comenzar averiguando en qué fecha se celebra el Día de la Amistad en el país de tu residencia, sé que para España, Argentina, Uruguay, EEUU, Brasil y México es el 20 de julio. En Bolivia es el 23 de julio y es algo precioso, es un día muy recordado entre la sociedad boliviana en general: se dan regalos, comen juntos, hay actos especiales en las unidades educativas, el amigo es abrazado y apreciado, es un día para expresar el amor real de la amistad sincera.

LAS REACCIONES EN LA RELACIÓN DE PAREJA

Quisiera también comentar, aunque brevemente, sobre la relación de pareja. Es algo muy delicado, lo sé. Estoy casada y sé que hay días en los que, simplemente por mi estado de ánimo, mi amor hacia mi esposo es más una decisión consciente que la expresión de un sentimiento del *"amor de cosquillas"*. Sé cómo soy yo y no debe ser fácil vivir conmigo, pero veo que él también decide amarme, apoyarme y aceptarme tal como soy.

Eso me anima y me trae alegría, porque sé que puedo depender de él tanto en los momentos malos como en los momentos buenos. Simplemente él me ama y yo a él. Sabemos que amar es regalar un poco de tu corazón sin esperar nada a cambio.

Un día, mientras estaba recostada en el sofá mirando un partido de dobles de la Copa Davis de tenis, pensaba en la relación de pareja y lo difícil que debe ser la falta de confianza en tu pareja. En el partido, uno de los jugadores tuvo problemas en su pierna y necesitó atención médica, estaba afectando a su juego y se notaba. Lo que pasó fue algo muy notable, hubiera sido fácil que el otro jugador se frustrara o se molestara con su compañero, pero no fue así. En lugar de eso, elevó su nivel de juego, dejando que su compañero lesionado hiciera menos esfuerzo, mientras él lo animaba y lo secundaba en varios puntos claves.

Te pregunto,

¿Cómo reaccionas tú, cuando tu pareja está con un día malo? (¡todos los tenemos!)

¿Se lo echas en cara o intentas apoyarle y hacerle sentir de maravilla?

¿Estás siempre a la defensiva o estás dispuesto a no ofenderte, aun cuando podría ser fácil reaccionar de esa manera?

Demostrar tu afecto y cariño hacia tu pareja puede que no le haga feliz en ese momento, pero no por eso debes dejar de hacerlo. Al igual que una bella flor produce un sentimiento profundo que mil palabras nunca podrían provocar, una muestra de comprensión en momentos difíciles alivia el alma y sana el dolor.

Tienes un corazón grande, ábrelo a tu pareja, has escogido estar con él o ella, debes tener tus motivos. Recuerda todos los días las cosas buenas que existen en tu relación y deja que la gratitud que nace de la humildad de tu corazón, crezca en amor y dé frutos en tu relación.

Las palabras y las miradas se parecen, con ambas puedes impactar en el ánimo de los demás.

¿Tus reacciones animan o desaniman?

Sé honesto contigo mismo. Nunca olvides que tus reacciones, tus actitudes, la forma de hablar dentro de la relación de pareja, pueden hacer la diferencia entre una vida de armonía o una vida de lucha. Debes vivir cada instante sabiendo que la comprensión brindada a tu pareja eleva el espíritu y anima al alma. Hacer un juicio sobre las otras personas en tu vida es hacerlo sobre ti mismo, sé gentil con tus pensamientos, bondadoso con tus palabras y generoso con tus acciones.

Amar y ser amado es un tesoro de incalculable valor que debe ser lustrado frecuentemente con la paciencia, aumentando así tu capacidad de amar a otros, recibir amor de otros y amarte a ti mismo.

Cierro este capítulo con el poema "Quiero" del escritor y terapeuta gestáltico, Jorge Bucay; creo que encapsula lo que buscamos en nuestras relaciones, sean de familia, de colegas, de amigos o de pareja:

QUIERO

Quiero que me oigas sin juzgarme.

Quiero que opines sin aconsejarme.

Quiero que confíes en mí, sin exigirme.

Quiero que me ayudes, sin intentar decidir por mí.

Quiero que me cuides, sin anularme.

Quiero que me mires, sin proyectar tus cosas en mí.

Quiero que me abraces, sin asfixiarme.

Quiero que me animes, sin empujarme.

Quiero que me sostengas, sin hacerte cargo de mí.

Quiero que me protejas, sin mentiras.

Quiero que te acerques, sin invadirme.

Quiero que conozcas las cosas mías que más te disgusten, que las aceptes y no pretendes cambiarlas.

Quiero que sepas...

Que hoy puedes contar conmigo...

¡Sin condiciones!

LIBÉRATE DE LAS COSAS QUE TE DESANIMAN

El desánimo es universal, todos lo sufrimos en determinado momento de nuestras vidas. No discrimina a nadie, el desánimo invita a todos por igual a engancharse en sus redes, no importan color, sexo, nacionalidad, religión, raza, estado civil o estatus socioeconómico.

El desánimo aparece en el diccionario como *"desaliento, falta de ilusión o ánimo"*. Debes preguntarte,

¿Qué me quita las ganas?

¿Por qué me falta ilusión?

¿Dónde está mi ánimo?

Miraremos las causas del desánimo e intentaré darte algunas sugerencias para enfrentar el desánimo y vencerlo exitosamente.

Es posible que hayas caído en el engaño de pensar que tú no vales, que no mereces tanto como tu prójimo. No dudes, tú mereces lo mejor de lo mejor siempre, debes creerlo. Puede que sientas que tienes demasiadas cosas pendientes, cosas que debes ordenar, que tu vida no sirve.

Deja de fijarte y pensar en las cosas que te estorban; suéltalas, rómpelas, quítales el poder que tengan sobre ti y avanza en tu camino. Así podrás quitar de tu espalda el peso de las cosas que te estorban. Vive plenamente sin la atadura del sentimiento de culpabilidad. Aprender a perdonarte tus imperfecciones y tus equivocaciones es una parte esencial para poder amarte a ti mismo.

¿Alguna vez te has puesto a pensar qué es lo que nos induce a batallar con el desánimo?

El pesimista diría que te has puesto en contacto con la realidad, mientras el optimista quizás te consuele diciendo que has perdido el contacto con tu realidad. Lo indudable es que el desánimo parece tener una relación directa con algo que es real, o la percepción de ello.

CAUSAS DE DESÁNIMO

Te menosprecian: con dos o tres palabras, o una acción de burla o menosprecio, se hunden los ánimos de muchos. Cuando este desprecio, la falta de consideración hacia otro ser humano, es constante, se convierte en desmoralizante. No importa si es con acciones o con palabras, la burla y el desprecio causan un estado de desánimo, de desaliento y de falta de confianza en ti mismo.

¡Estás desanimado!

Te ponen en ridículo: cuando sientes que alguien te ataca o te agrede personalmente con sus palabras, con sus acciones o con sus mímicas, manifestando tus defectos y/o tus manías delante de otros. Te sientes literalmente raro o absurdo y todos se ríen de ti; te sientes humillado y empiezas a creer que tienen razón.

¡Estás desanimado!

Tus problemas se intensifican o multiplican: justo cuando pensaste que las cosas no podrían llegar a ser peor, resulta que sí. Los problemas, por naturaleza, ya son situaciones de difícil solución que pueden aparecer en cualquier ámbito: personal, familiar, material laboral, etc. El empeoramiento de la situación te hace sentir que el pozo en el que te has metido no tiene salida, pareciera que tu problema es demasiado grande, o demasiado numeroso, para intentar solucionarlo... te quedas sin aliento.

¡Estás desanimado!

Tu trabajo es abrumador: encuentras que tienes tanto trabajo en tu lista de cosas pendientes que no sabes cómo, ni por dónde comenzar. La lista de tareas pendientes que tienes es larga y todas las tareas son importantes. Has estado ocupado con las más urgentes pero no avanzas. Te sientes desalentado. Eres consciente de que no estás consiguiendo hacer todo lo que deseas, a pesar de estar trabajando con diligencia. Te encuentras sin ilusión para la vida.

¡Estás desanimado!

Pérdida de fuerzas: tus energías están bajas, estás sufriendo las consecuencias del paso de los años. Puede que estés enfermo, no importa si es algo pasajero o algo crónico, es perfectamente normal que eso te deje sintiéndote debilitado, gastado, sin fuerzas para seguir.

¡Estás desanimado!

Pérdida de confianza: has sido rechazado, te sientes humillado o has perdido tu trabajo y no sabes si tienes lo que necesitas para poder retomar una vida digna. Estás desmotivado porque no ves una luz al final del túnel, la falta de confianza se ha llevado toda la autoestima que llevabas años construyendo... dices "¡Qué se puede hacer, así es la vida!"

¡Estás desanimado!

Estás a medio camino: puede que estés en lo que crees que es la mitad de tu vida, la mitad del camino. ¡Has entrado en lo que llamamos "la crisis de los 40", sin que importe tu edad real! O quizás tienes un proyecto importante que cumplir y vas por la mitad, Su culminación está tan lejos como su comienzo y te sientes perdido, sin ganas, sin objetividad, sin capacidad para terminar lo que te has propuesto, no logras producir nada en concreto.

Lo que quieres es terminar bien, pero no ves claro cómo conseguirás tu meta.

¡Estás desanimado!

En fin, ¡estás desanimado!... y te sientes atrapado en esa falta de ánimo. Tus emociones son reales y nadie te puede decir que no es así. No estás imaginando nada, te duele el corazón, no tienes energía para hacer nada, tu autoestima está por el suelo y no te importa nada de nada.

¿Alguna vez has estado así?

Estás completamente encerrado pensando que no puedes, que no crees que haya solución. Una amiga te dice: "Eres inteligente, decidido, íntegro, natural, generoso y muchas, muchas más cosas maravillosas" y lo único que te pasa por la cabeza es "¡NO LO CREO!".

Te confieso que he estado así, entiendo tu dolor, comprendo lo qué es sentirse inútil e incapaz de creer a los demás cuando dicen cosas buenas de ti. Claro, eres capaz de ver lo bueno en los demás, eso es más fácil, pero aceptar que algo bueno existe en ti implica responsabilizarse y empezar a hacer algo al respecto.

Es verdad que muchas veces no queremos hacer nada para mejorar nuestra situación, como si nos gustara estar mal, ser la víctima.

¿Qué tal si haces algo?

Ahora mismo, toma la decisión de quitar el "no creo" de tu vocabulario, ¡sácalo de tu cabeza! Desde ahora, lo cambias, por un "quizás", un "no sé" o un "claro que sí".

Verás que no has creído muchas cosas positivas que debes empezar a creer. Con el tiempo, llegarás a ser más abierto a cosas nuevas, ideas nuevas, sentimientos nuevos, situaciones diferentes. Crecerás a tu manera, te desarrollarás a tu manera, vivirás a tu manera y de acuerdo con tu corazón.

Creo que **la vida te regala lo que tu actitud te permite disfrutar**. Nunca te rindas ante el sentimiento del "no puedo", cree que puedes y podrás. Tú puedes ser fuerte, tú puedes alcanzar tus sueños, no abandones jamás. Nunca tires la toalla, nunca te rindas y no desprecies las dificultades, allí encontrarás crecimiento, madurez, dirección y enseñanzas útiles para toda tu vida.

Tú puedes enfrentarte al desánimo, eres más fuerte de lo que crees.

ENFRENTANDO EL DESANIMO EXITOSAMENTE

¿Te menosprecian?:

No te olvides de que siempre tendrás a alguien que te ame. Protege tu vida familiar; cuando te hagan sentir menos mira la evidencia de tu hogar y date cuenta de que tu hogar es suficiente estímulo para saber que eres importante. Si en casa no tienes esa paz, quizás la tengas con un amigo, un hermano, un colega. Atesora en tu vida las relaciones que te hacen sentir que eres importante, que tú sí vales.

¡Eres perfecto como eres, aunque no seas perfecto!

¡Anímate!

¿Te han puesto en ridículo?:

Toma conciencia de tus fortalezas. Sé tú mismo, refleja tu luz y brillo interior en todo lo que haces. No hagas las cosas pensando en los demás. Haz las cosas para ti, a tu manera, sé fiel a ti mismo, a tu individualidad.

No necesitas impresionar a nadie. Usa tus fortalezas para el bien, consigue mejorarte a ti mismo y ayuda a los demás a crecer. Tienes talentos y habilidades que quizás no has identificado, o a lo mejor sí. Toma conciencia de tus capacidades, eres especial, eres importante en el gran esquema de la vida.

Intenta evaluar tu vida desde fuera, obsérvate a través de ojos ajenos y date cuenta de todas las cosas buenas que existen en tu vida, todas las cosas que has logrado hacer, todos los amigos que están en tu vida y que te saludan cuando caminas por la calle. Habrá quien desearía estar en tu lugar, habrá quien te admire, no necesitas verlo ni escucharlo, ni siquiera creerlo, es así.

¡Anímate!

¿Tus problemas se intensifican o multiplican?:

Sé optimista, piensa en positivo. Ser optimista no es sinónimo de pensar que todo es bueno, o todo está bien. Ser optimista es ver el lado positivo en cada circunstancia por más difícil que sea.

Tu vida puede ser un mar de tormentas y aun así puedes decidir ser feliz, en este momento, el momento presente. Eres tú quien decide, en este instante y en todos los momentos de tu vida, no lo dudes nunca.

Si sientes que tus problemas solamente se agrandan o multiplican con el pasar del tiempo, has de tener iniciativa y actuar. Es importante mantener el equilibrio entre el creer que puedes y el plan que te propongas ejecutar; encontrar un equilibrio entre planificar y actuar. Combinando los tres elementos de creer, planificar y actuar, comenzarás a ver armonía en tu vida. Avanzarás porque tú pensar y tu sentir, tu mente y tu corazón estarán ecuánimes o en equilibrio.

¡Anímate!

¿Tu trabajo es abrumador?:

No tienes suficiente tiempo en el día, no sabes por dónde comenzar. Toma un descanso en el trabajo, desintoxícate, recupera las energías físicas, emocionales y espirituales. Busca tener tiempo para ti, para pasear contigo mismo, en tiempos de soledad puedes ser tu mejor amigo.

Acepta el hecho de que tus decisiones y tus actitudes tendrán más influencia en el éxito de tu vida que tus aptitudes.

Tu trabajo no se va a hacer solo, pero la forma en que lograrás hacer todo lo que tienes que hacer, en la mayoría de los casos depende directamente de tu actitud y de las decisiones que tomas.

¡Anímate!

¿Decides avanzar o estás cómodo "estancado"?

Busca consejo, pero no esperes que otros hagan todo por ti, el triunfo viene después de la batalla. No te quedes con los brazos cruzados si tienes un sueño, sólo actuando harás que sea realidad. Prepara tu lista de cosas que hacer y cosas pendientes, pero no te agobies.

La única persona que admite la presión en tu vida, eres tú.

¡Anímate!

¿Has perdido fuerzas?:

Espero que siempre tengas el don de ser optimista para vivir con un alma abundantemente alegre. Sé siempre optimista, pero optimista con los pies en el suelo. El optimismo no es contradictorio con ser realista.

¡Para ser realista, no es necesario ser pesimista, ni todos los pesimistas son realistas!

Debes admitir que es normal tener momentos en los que sientes que pierdes fuerza y te notas desganado. Todo va bien, no te sientes mal por ello.

Toma tiempo para meditar, para descansar, sé realista con tus límites, pero usa bien tu tiempo: lee, escucha música, medita, haz ejercicio, sal a tomar café con amigos, visita a tu familia, haz un crucigrama, vete a la playa, practica deportes, sal a pasear, regala abrazos, regala sonrisas y ríe.

¡Relájate, te hará mucho bien! Aprende a gozar de tu vida sin mirar a los demás, aprecia lo que tienes tú. Te sentirás renovado, preparado para enfrentarte a un nuevo día, todos los días.

¡Anímate!

¿Has perdido tu confianza?:

Para tener un corazón valiente, solamente hace falta creer. Piensa en tu vida, piensa en tu presente, enfócate en lo que es real, da gracias por todo lo bueno que hay en tu vida.

Date cuenta de que tú eres un ser humano como cualquier otro y que no existe persona superior ni inferior a ti. Quítate el yugo de la baja autoestima reconociendo que tienes talentos, dones y tienes ese puntito que te hace tan especial. Todos los días cambias un poco, creces un poco y maduras un poco. No menosprecies este lento pero constante proceso, acéptalo y utilízalo para tu bien y el bien de los demás.

Si existe algo en tu interior que te hace sentir bien o que te apasiona, piensa en eso. Convirtiendo tus pensamientos en acciones, puedes lograr convertir tus sueños en realidad. Ten confianza en que tú puedes lograr lo que quieres, sólo es cuestión de creer.

¡Anímate!

¿Estás a la "mitad" de tu vida?:

Quizás te sonará chocante pero la mitad de tu vida siempre estará en tu pasado, no importa los años que tengas. Pensar en tu futuro es inútil si sigues atrapado en tu pasado, pensar que estás a la mitad de tu vida, también es inútil. Pensar que estás en una fracción específica de tu vida simplemente no tiene sentido.

¡No lo sabes y no lo podrás saber nunca!

Es decir, que sabes que en esta vida, las únicas cosas que tienes en común con los demás es el nacer y el morir. No sabes cuánto tiempo te queda aquí en este maravilloso planeta, no puedes dar garantías a tus seres queridos de que siempre estarás ahí para ellos. No eres dueño de tu existencia futura, pero sí puedes vivir tu presente con alegría.

Para quitarte el desánimo de sentir que solamente tienes la mitad de tu vida (o menos) por delante, es necesario liberarte de cualquier atadura que te diga que "no puedes". Descubre tus metas y trabaja hasta alcanzarlas desde ahora. Tu valor y creatividad crecerán cuando sean compartidos con otros.

Levanta tu cabeza, levanta tu mirada, levanta tu ánimo. Levántate y camina renovado, fuerte y vive el presente.

Si te encuentras desanimado por tu edad o porque sientes que te queda poca vida, opta por las cuatro "re" del capítulo: "Revelación, revolución, renovación y reestructuración interior" y así despejarás las nubes de tu corazón. Renuévate como el águila y no te quedes atrapado en el pasado. No tomes en cuenta tu edad, nunca es temprano ni tarde para volver a la vida plena, a sentirte de maravilla, a reconocer que sí, que tu vida es bella.

¡Anímate!

VENCER EL DESÁNIMO

Entre el ánimo y el desánimo puede existir un combate interior en tu ser. Solamente tomando consciencia de eso, aceptando esa realidad, podrás lograr vencer el desánimo en tu vida; con determinación, con acción, enfocándote en tu meta, pero sobre todo con la actitud correcta.

¡Piensa, medita, ora, reflexiona, estudia!

Aprende a escuchar al silencio, tiene mucho que decirte. Aprende la gratitud practicándola, sé agradecido en tu vida por todo y por todos. Desearle lo bueno, o lo mejor, a alguien es un regalo que le pides a Dios para un mundo mejor, pero vela también por tu propia vida, busca tu camino, anímate a visualizar los deseos de tu corazón y pídelos. Ten ánimo, tu vida es preciosa, vales mucho y cuando tú estás bien, los que están alrededor tuyo también estarán animados y alegres.

Tómate tiempo para reconocer y aceptar que tu vida es bella, comparte el sentimiento con los demás y alégrales su día. Elige palabras de ánimo, de alegría y accederás a una existencia más feliz.

Crea el hábito de pronunciar palabras positivas, te cambiarán a ti y a tu mundo. Tu actitud positiva no solamente te une con otras personas, sino que te ayuda a vivir la vida agradecido por todo lo bueno que en ella existe.

Llena tus días de alegría, paz y tranquilidad. Deja que tu alma te enseñe a vivir, sentir y amar. Permite a tu mente dedicarse a los pensamientos positivos. Abre tu corazón para que siempre sea valiente y amoroso. Vivir, sentir, amar, animar... son verbos que se sienten mejor en plena acción.... viviendo, sintiendo, amando, animando.

Seguramente te habrás dado cuenta de cómo una sonrisa puede conmover el corazón más duro, una risa puede contagiar a una multitud, una oración puede mover montañas.

¿Te sonríes cuando te miras en el espejo?

¿Deseas lo mejor para ti mismo en las mañanas?

Mírate al espejo cada día y sonríe, sal a la calle y sonríe, aprende a ver lo positivo en todo y vive tu vida sonriendo. Tu misma sonrisa te ayudará a sentirte más animado, póntela en la mañana si despiertas sin ella y no te la quitas durante todo el día, te sentirás de maravilla.

Es muy importante que entiendas que las sincronías son mensajes del universo a tu alma, aprende a comprenderlas, no son casualidades. Comprende qué es lo que deseas para tu vida identificando tus objetivos y tus metas. Encuentra algo que te apasione ya que cuando existe pasión y motivación, no importa si te sientes débil, encontrarás las fuerzas para seguir adelante.

¡Anímate!

Eres toda una estrella... brillas aun cuando no se te ve. Si te encuentras atrapado en la indecisión, sacúdete y haz algo para tomar la decisión necesaria, te transformará la vida. Es cierto que nadie te puede conocer mejor que tú, encuéntrate en tu propio interior y sé honesto contigo mismo, saca todo lo bueno que tienes y compártelo con los demás. Observa tus emociones, permítete apreciar lo bueno y decídete a eliminar lo que no te conviene.

Estar contento es aceptar lo que el presente tiene para ti como si fuera el anhelo más profundo de tu corazón. Estar animado es bailar tu propio baile, con tu versión personalizada de la música de tu vida. Disfruta de todo lo que te llega, lo pequeño, lo mediano y lo grande; todo lo que existe en tu vida tiene un motivo, aprende a contemplar tu vida y a animarte por lo buena que es.

¡Anímate!

Quita de tu mente, de tu corazón y de tu alma las cosas que te desaniman, no dejes que se asienten en tu vida. No hay ningún desánimo invencible, solamente hace falta llenarse de valentía y energía para vivir una vida plena de ánimo en tu ser, alegría en tu corazón y una gran sonrisa en tu rostro.

Cita del autor Jorge Álvarez Camacho

"Que las malas formas de los demás no te desanimen.

No dejes de bailar.

Que tu música interior haga vibrar al universo"

LIBÉRATE DEL MIEDO

En las adversidades sale a luz la virtud.

Aristófanes

Yo me considero una persona valiente, son pocas las cosas cotidianas que me provocan miedo. Oigo comentarios o veo reacciones en otras personas que demuestran sus miedos abiertamente. Las personas tienen miedo a las arañas, a las palomas, a las víboras, a los ascensores, a la oscuridad, a los globos, al agua, en fin a innumerables cosas. No suelo sufrir estos miedos, pero veo como se manifiestan otros tipos de miedo en mi vida, en mi persona, perturbando mi paz y tranquilidad interior, llegando incluso a afectar las vidas de los que me rodean.

Hace relativamente poco tiempo que llegamos a España tras diecisiete años viviendo y trabajando en Bolivia. No puedo negar que tenía miedos al realizar este cambio transatlántico. Mi esposo es español, yo soy escocesa y cuando tomamos la decisión en familia de volvernos a Europa, mi esposo me dejó escoger a qué país íbamos a volver debido a que para él no era determinante la ubicación de nuestra residencia para desempeñar su trabajo. Tenía que analizar detalladamente varios factores: el sistema educativo, el sistema de salud, el factor familia y amistades, el clima y los servicios de apoyo entre otros.

La decisión entre España y Escocia no fue fácil de tomar, pasamos largas horas orando, meditando, buscan datos y detalles, pidiendo dirección y tratando de entender los sentimientos que llenaban mi corazón. Comentaba información que encontraba y sentimientos que tenía con mi esposo y finalmente llegamos a la conclusión de que debíamos volver a Tenerife, España.

Durante el proceso de tomar esta decisión no sentí miedo, pero una vez tomada me entraron toda clase de temores. Para mí todo iba a ser nuevo: nuevos sistemas, nuevas formas de hacer cosas, nuevas amistades, nuevas comidas, muchos trámites desconocidos, vivir en un piso en vez de una casa (cosa que no había hecho desde la universidad), etc....

Estábamos a punto de comenzar lo que sería una nueva etapa de nuestras vidas y eso me creaba sentimientos de temor, a veces de alarma, aprehensión, nervios y desconfianza.

Me cuestionaba si había tomado la decisión correcta. Incluso nos llegaron a preguntar, varias personas de fuera de nuestras familias, si habíamos estudiado bien todas nuestras opciones.

Parece una contradicción, pero a la vez que estaba completamente segura y en paz con la decisión, no desaparecía por completo el temor de habernos equivocado, de haber tomado un rumbo erróneo; es cierto que largos periodos de tiempo han sido ocupados pensando en las posibles consecuencias que una decisión errónea podría tener en las vidas de nuestras tres hijas. Yo nunca había vivido en España durante más de un mes y, además de mi familia política, no tenía amistades aquí. Mi esposo llevaba veinte años sin vivir en España y en dos décadas el país ha cambiado mucho. Creo que era normal tener un poco de miedo, de ansias, de inquietud.

A pesar de tener síntomas de miedo, creo que era un miedo "sano". No me provocaba irritación sino que miraba al futuro con expectativa de cómo sería la vida en Europa después de tantos años fuera.

Hoy puedo mirar hacia atrás y admito estar sorprendida del desarrollo de mi vida interior en menos de un año, he madurado de una forma que no esperaba. Las niñas se han adaptado estupendamente, están felices de vivir más cerca de la familia. El piso donde vivimos tiene áreas verdes cerca y me encanta la zona. Pedí encontrar buenas amistades y las que Dios me ha mandado sobrepasan cualquier expectativa que pudiera tener. De cierta forma me siento un poco inocente y me pregunto: "si has pedido algo a Dios, ¿Por qué te sorprendes cuando te da más de lo que esperabas?"

Me siento avergonzada porque sé que la vida me da oportunidades hermosas y solamente depende de mi actitud saberlas aprovechar. No tenía por qué dudar, no tenía por qué tener miedo, no tenía por qué estar nerviosa. No soy una persona extraordinaria, mi vida no es perfecta, pero he aprendido que mi actitud positiva no solamente me une con otras personas, sino que también me ayuda a vivir la vida agradecida por todo lo bueno que en ella existe, en este preciso momento. Estoy contenta porque acepto lo que el presente tiene para mí. Tengo paz y tranquilidad en mi interior y así la felicidad ha llegado a ser una forma de vivir, no una búsqueda.

¿Tienes una meta?

¿Quieres hacer cambios en tu vida?

¿Quieres cambiar de carrera?

¿Quieres cambiar tu forma de pensar?

¿Quieres aprender algo nuevo?

¿Tienes miedo de fracasar?

NO TEMAS A LOS "FRACASOS"

El miedo de fracasar nos llega muchas veces porque sabemos que lo que hacemos en el presente tendrá su consecuencia en el día de mañana. No te preocupes, es normal, pero no dejes que ese miedo se instale en tu interior, no dejes que te mantenga atrapado. Recuerda que **el miedo se desvanece en presencia de la sabiduría, el amor o la fe.**

Debes reconocer que en el fondo de tu personalidad existe el miedo en alguna medida. Si permites que el miedo crezca en tu interior, convirtiéndose en un huésped de primera clase en tus decisiones, tus acciones y tu diario vivir, entonces llegarás a estancarte por el miedo. El miedo te cerrará el acceso al mundo de los posibles beneficios que resultan de cambios de actitud, de cambio de trabajo, de conocer personas nuevas o de aprender cosas novedosas. Nunca debes permitir que el miedo tenga un hogar en tus pensamientos y tu corazón. Eres fuerte, eres especial y el miedo que te limita no debe ser bienvenido en tu vida.

¿Te pasa que, con el pasar de los años, dejas de creer en ti mismo?

Recuerda que tu personalidad se ha formado bajo las influencias externas que existen en tu vida. Si has dejado entrar al miedo en tu personalidad, puede que no sea fácil soltarlo y volver a encontrarte con tu individualidad, pero ten la certeza de que lo podrás hacer si es lo que tú de verdad quieres.

Si te encuentras atrapado en la indecisión, sacúdete y haz algo para tomar la decisión necesaria sin miedo, te transformará la vida. Si tus circunstancias actuales no te satisfacen, busca hasta encontrar tu propia razón de ser.

Admito que nunca pensé escribir un libro y es verdad que decidí escribir en contra de mis instintos naturales. Pensaba en el miedo y mis razones para no hacerlo... el fracaso, no ser capaz, que ninguna editorial lo quisiera publicar, que a nadie le guste el contenido, etc.

Luego cambie mi pensamiento y me di cuenta que aunque no terminara el libro, en el camino aprendería mucho. Sigo con dudas, pero ya ese miedo no me asusta, lo esencial es que sigo con él y lo estoy disfrutando.

¿Existe algo en concreto que quieres lograr?

Te aseguro que no existe miedo insuperable. Si tú quieres, podrás triunfar. Sé creativo, estimula tu imaginación, busca la forma de hacer realidad tus sueños. Todos tenemos creatividad para lo que nos apasiona, cuanto antes comiences, antes llegarás a tu meta.

¿A qué esperas?

Anímate, ahora, a vencer tu miedo al fracaso, o tu miedo al éxito.

Quizás te encuentras con una meta establecida, pero sigues en la etapa de tener miedo. No sabes cómo comenzar y el miedo es más grande que tu confianza en ti mismo. Te doy algunas sugerencias, algunas ya han sido mencionadas en otro contexto:

- Aprende a controlar tus pensamientos: medita y ora, encontrarás que la paz y la felicidad ya las tienes dentro de ti.

- Practica estar en silencio durante unos minutos cada día para mejorar tu habilidad de escuchar a tu corazón.

- Recuerda que el camino se hace al andar, el éxito se logra al trabajar, tus sueños se alcanzan andando y trabajando.

- No esperes cambios en los demás, comienza por ti y cambia tu actitud hacia lo que quieres lograr.

- Vive en el presente, convirtiendo tus pensamientos en acciones puedes lograr convertir tus sueños en realidad.

- Ten fe en ti mismo y en tus habilidades, eres más capaz de lo que crees, el potencial para lo que te apasiona ya está dentro de ti, libéralo.

- Planifica, pero no te detengas ahí, asígnate también un plan de acción y cúmplelo.

- Habla con personas de confianza en tu vida, estarás sorprendido con las ideas que te pueden aportar.

- Mantén una buena relación con lo que te ayuda a crecer y a encontrar soluciones... incluyendo tu almohada.

- Si has fracasado en el pasado, olvídalo, pero aprovecha al máximo las lecciones que aprendiste.

- Disfruta el día de hoy, haz que tus circunstancias se adapten a tus deseos, no tus deseos a tus circunstancias.

No pierdas tiempo dudando. Cada momento de tu vida es más que un mero abrir y cerrar de ojos, es una fracción de la eternidad.

¡Aprovéchalo!

Es para siempre. Define lo que quieres lograr, pregúntate para qué quieres hacerlo, cree que lo puedes hacer, toma las medidas necesarias para ello y ponte en acción para que se haga realidad.

Recuerda que eres perfecto aunque tú no creas en ti mismo. Somos todos diferentes, todos hermosos y especiales, según nuestro diseño particular. Eso da color y sabor a la vida, ser todos iguales sería poco interesante. Sé feliz con quien eres, tal como eres, celebra tu vida y los triunfos de los demás. Así podrás tener paz y armonía en tu vida encontrando gozo en tu alma y felicidad en tu corazón.

¿Te conoces?

¿Qué te motiva?

¿A qué dedicas tus pensamientos?

¿Qué haces en tu tiempo libre?

De la misma manera que las flores identifican y revelan a las plantas y los árboles, así nuestros hechos revelan nuestro corazón y nuestras almas. Toma tiempo para conocerte mejor, solamente lograrás amar lo que quieres hacer si es lo que tu ser interior quiere para ti. Nunca serás feliz mientras niegues quien eres de verdad.

Encontrar el propósito auténtico de tu vida es la única forma de pasar de una vida de sacrificio en busca del éxito a una forma de vida donde el éxito simplemente te llega como resultado de seguir el propósito verdadero de tu vida.

No te prometo que tu vida será de color rosa, para crecer y apreciar la dulzura de la vida a veces es necesario pasar por momentos de dolor. Creces más rápido en tiempos de dificultad, deja que la experiencia te moldee en una persona mejor. Todos sufrimos momentos dolorosos en la vida. Tus dificultades te pueden impulsar a tener una vida aún más abundante, entrégate cada día con todo tu esfuerzo para que luego no te arrepientas por no haber dado lo mejor de ti.

Nunca te des por vencido, tus sueños son alcanzables. Si sientes que en tu vida siempre está lloviendo y tu horizonte está lleno de nubarrones, recuerda que pronto saldrá el sol y la lluvia habrá dejado atrás una verde esperanza de días mejores. Si fallas en el intento, aprende y no olvides que, por haberlo intentado, casi ganaste y estarás un paso más cerca al éxito. Vuelve a levantarte, sigue tus sueños, los grandes triunfos en la vida normalmente son precedidos por muchos intentos "fallidos".

En realidad, cada intento sin éxito te enseña cómo no hacer algo y eso en sí te acerca a encontrar cómo tener éxito en tu objetivo.

Intentar no volver a cometer los mismos errores es importante, tienes una memoria para algo y es esencial aprender a usarla bien. Deja en el pasado lo que ocurrió allí, no puedes cambiar lo sucedido, pero sí puedes trabajar hacia un futuro mejor. Deja que cada día te enseñe algo nuevo, aprende la lección y aplícala a tu vida. No tengas miedo, no regales tu precioso tiempo al abismo de la preocupación, regala tus energías y tiempo a alcanzar tus metas.

La fuerza se encuentra en la suma de la satisfacción por la prueba vencida y la experiencia de la lección aprendida. No olvides que la fuerza la tendrás en proporción a lo que contiene tu vida. No existe reto que no puedas superar. Si hace falta busca cómo apoyarte, pero nunca te des por vencido, eres más grande que eso.

El equilibrio se encuentra donde existe cohesión entre tu alma, tu mente y tu corazón. Encontrar el equilibrio adecuado entre el pensar y el sentir, entre la mente y el corazón, te permite avanzar en armonía. Hablando encontrarás palabras, actuando encontrarás el éxito y lo que considerabas imposible.

Háblale a tu corazón para que te diga lo que quiere, sé honesto contigo mismo. Analízate, piensa, medita, procura con todos tus recursos entender por qué eres como eres, por qué piensas como piensas, por qué tienes los miedos que tienes. Sé fiel a tu objetivo, disfruta el camino. En tu vida no debe haber lugar para las quejas, celebra la vida, aprovecha cada instante.

Pasan los años sin que te des cuenta, disfruta del presente en todo momento, es tu único lugar consciente.

La vida es el deporte de todos, la segunda mitad demuestra quienes son los verdaderos ganadores, vence tus miedos con acciones. Si piensas que no eres capaz de hacer algo, anímate a hacerlo, pronto te darás cuenta de que sí eres capaz de hacer cualquier cosa que tu mente es capaz de imaginar. Si lo has podido concebir en tu mente, tú podrás hacerlo. Tu éxito no depende de tu suerte, depende de ti. El éxito no tiene por qué llegar a través de una vida de trabajo sufrido, pero es seguro que será a través de tu trabajo y de tu creatividad.

¡Vive a la vez que vives y mientras vivas!

¡Vive sin miedo, sabiendo que no existe problema que no puedas vencer!

¿POR QUÉ TIENES MIEDO?

Si nos ponemos a pensar y analizar el porqué del tener miedo, es evidente que es lo mismo que pasa con nuestra personalidad. El conjunto de miedos que podemos tener presentes en nuestras vidas son generados, en la gran mayoría de los casos, por el entorno y la cultura, tanto familiar como nacional, que influyeron en nuestra infancia y niñez.

El cerebro es muy rápido en captar los miedos y la mente de un niño es como una esponja. Si lo padres no se encargan de crear un equilibrio entre los miedos y la realidad, el resultado casi siempre serán personas adultas miedosas en algunas áreas de sus vidas. Yo crecí con el miedo de tener mi propia familia, de tener hijos. No por el hecho de tener hijos, ni el dolor que eso conlleva durante el parto, sino por el hecho de haber crecido sin madre.

Yo temía tener una familia y dejar de existir, dejando a mis hijos sin una madre. No quería que otros niños crecieran sin el amor de su madre, era un miedo comprensible por lo que me había sucedido al haber perdido a mi madre a mis 10 años. Tenía que darme cuenta que existen cosas que están fuera de nuestro control. Crecí como persona cuando me di cuenta que debo vivir mi vida y no tomar decisiones tan importantes basadas en el miedo a lo que pueda suceder. Reconocí ese temor, lo enfrenté y decidí (antes de conocer a mi esposo) que si llegaba "mi príncipe azul", me casaría y si fuera mi destino estaría encantada de tener hijos.

¿CONOCES TUS MIEDOS?

¿Alguna vez has estado tranquilo suficiente tiempo como para identificar de cerca tus miedos?

Estos pequeños, medianos y a veces grandes obstáculos que tu persona dice que existen.

¿Qué es lo que te hace dudar?

¿Qué es lo que te frena en el momento de comenzar algo nuevo?

¿Cuál es la naturaleza de tu miedo?

¿Pueden ser vencidos, o crees que estás atrapado de por vida en la desconfianza y el miedo?

Pregúntate si puedes hacer algo al respecto. Me atrevo a creer y sugerirte que, pensando en tus miedos, siempre podrás hacer algo. Si el miedo es tuyo, está dentro de tu zona de influencia y podrás tomar acción para convertir el miedo en un aprendizaje. Haz algo, vence tu miedo y déjalo en tu pasado, aprende de ello, úsalo para tu bien.

Ejemplos de miedos frecuentes que podemos tener en la vida son:

- miedo al fracaso,
- miedo al éxito,
- miedo al amor y a no ser amado,
- miedo a las enfermedades,
- miedo a quedarse solo,
- miedo a ser rechazado,
- miedo a ser diferente a los demás,
- micdo a no saber controlarse,

- miedo a no tener la capacidad intelectual para lograr hacer algo,

- miedo a no ganar suficiente dinero,

- miedo de no ser notable…

Si no logras identificar con claridad cuáles son tus miedos, indudablemente nunca podrás hacer nada para combatirlos. A los miedos debemos tomar el tiempo para conocerlos, casi como si fueran nuestros amigos.

¡No todos los miedos tienen que darte miedo!

Algunos miedos son sanos y te pueden estimular e impulsar en tu proceso de crecimiento de formas inesperadas y maravillosas. Si te tomas tiempo para identificar tus miedos te darás cuenta de que no son tan grandes como pensabas.

Debes convertirte en una especie de cirujano que disecciona tu propio miedo para encontrar sus puntos débiles y poder atacarlo desde la raíz, quitándolo de tu camino y dejándolo sin fuerzas para seguir influyendo en tu vida.

Llena tu vida de personas y cosas que amas. El miedo no puede contra el amor.

¿Te has dado cuenta de cuando amas a una persona sin miedo, sin condiciones, la seguridad que experimentas no sabes cómo describirla con palabras?

Se siente, se vive, lo sabe tu corazón, pero no lo puedes identificar bien, ni puedes ponerlo en una caja para darles la receta mágica a todos. Busca las cosas que te proporcionan placer y te llenan de satisfacción.

Pasa tiempo cada día recordando lo maravillosa que es tu vida y todo lo que contiene. Habla con personas que te recuerdan tiempos felices, sin preocupaciones, sin temores. Usa tu mente para recordar estos sentimientos, tráelos a tu presente y sé feliz, siéntete contento, alegre y sin miedo.

No tengas miedo a tus miedos. Date cuenta de que al sentir tus miedos, podrás identificarlos, podrás descubrir su verdadera naturaleza, su origen y tendrás la oportunidad de sanarlos.

Habla de ellos. No es necesario que sea con otra persona, puedes hablar con tu consciencia y utilizar tu corazón y tu mente también. Es importante expresarlos. Ten consciencia de cuáles son tus miedos y emprende acciones para derrotarlos. No dejes que te atrapen por sorpresa, aprende a identificarlos mientras todavía están asomando los primeros síntomas del miedo. Sé consciente de que tu mente es poderosa y puedes vencer cualquier miedo que se te presente, usa esa consciencia para reconocer tus miedos y controlarlos.

Sobre todo no debes huir de tus miedos, eso no te trae sino un dolor prolongado. Es necesario enfrentarte a tus miedos, por muy grandes que puedan parecer. No te olvides de que una vez confrontados y desarmados ya no tendrán la fuerza en tu vida que antes tuvieron. Sé grande, busca tus temores, enfréntate a ellos cara a cara y diles que no tienen poder sobre ti, que no volverán a hacerte daño. Gana la partida antes de que ellos te venzan. Obsérvalos como vienen hacia ti y atácalos como un jugador de rugby que va a su encuentro a toda velocidad para parar al que tiene la pelota.

Por muy grande que sea tu miedo, debes estar convencido de que podrás derrotarlo. Mientras más grande, más satisfacción tendrás cuando veas que ya no tiene dominio ni poder sobre ti.

Decide qué es lo que quieres tener en tu vida. No te enfoques en lo que ha sido. No mires hacia atrás, mira hacia adelante, pero vive en el presente. Sé honesto contigo mismo, pregúntate:

¿Qué es lo que quiero?

¿Dónde quiero estar de aquí a un año, dos años, cinco años?

Sé específico, da detalles y pide lo que realmente quieres. Pide sin miedo, llena tu corazón de fe, te sorprenderás cuando te des cuenta de todo lo que podrás disfrutar como resultado de tener un poco de fe.

"Las personas exitosas, las personas que admiras, también tienen que decidir ir a por lo que quieren, también tienen miedo. Se hacen más fuertes al vencerlo una y otra vez."

M Victoria Martínez Lojendio

www.exitoalos40.com

DEFINE LO QUE QUIERES Y VE A POR ELLO

Muchas veces no sabemos a dónde queremos llegar, ni qué es lo que queremos para nuestras vidas. En este caso, está claro que cualquier autobús nos llevará a nuestro destino indefinido, cualquier camino nos llevará a ninguna parte.

Si te encuentras en una situación de no saber hacia dónde quieres girar, ni sabes qué es exactamente lo que quieres en tu vida o simplemente no te has planteado tu futuro, verás que has llegado a un estado de indiferencia en tu vida. Ya nada tiene importancia, has perdido esa urgencia que te hacía moverte cuando eras más joven, porque no deseas nada en concreto.

Te encuentras en un modo de funcionamiento casi automatizado porque has perdido toda esperanza de alcanzar tus sueños, de formular nuevos retos, te has quedado estancado en tu vida y en parte estás contento de que así sea. Es más fácil, más cómodo, pensar que estás bien y que no hay necesidad de embarcarte en nuevos cambios en tu vida.

Los cambios pueden ser difíciles, traen consigo retos y desafíos que quizás no quieres enfrentar después de cierta edad.

Te sientes seguro con lo que tienes, aunque admites que no estás del todo satisfecho, quizás no era así la vida que soñaste. Estás resignado a que tu vida esté bien, aunque no sea excelente, estás contento con lo que has logrado pero no reconoces la satisfacción de ser verdaderamente feliz y alegre en tu diario vivir.

¿Deseas ser más positivo?

¿Te gustaría sentirte feliz y contento?

¿Tienes sueños que no te atreves a alcanzar?

Tienes que saber que no es tarde para comenzar a buscar lo que quieres para tu vida. No importa la edad que tengas, puedes tener 20, 30, 40, 50... ó 100 años, nunca es tarde para empezar a buscar activamente, descubrir y convertir en realidad lo que siempre has deseado para tu vida.

No estoy sugiriendo que a tus 60 años te quieras convertir en campeón olímpico de 100 metros compitiendo contra atletas de 20 a 30 años, pero sí quizás contra otros veteranos. Has de ser realista, tienes que saber soñar, flotar en las nubes pero con tus pies firmemente puestos en el suelo.

Es cierto que podrás identificar que falta algo en tu vida, pero te resulta muy difícil identificar qué es lo que te falta. Deja que tu corazón revele sus secretos a tu alma y tu alma enseñará a tu mente a pensar fuera de lo habitual. No tengas miedo de ir a por tu sueño. Si lo puedes soñar, lo puedes alcanzar. Solamente tú puedes tomar el control de tu vida, solamente tú puedes hacer cambios en tu vida.

Vive tu presente con plenitud para tener una vida mejor.

Vivir en el pasado es inútil, allí nada cambia, vive con entusiasmo tu presente, aquí está tu mejor futuro. Sólo caminando llegarás a reconocer tu camino, sólo viviendo llegarás a determinar qué quieres para tu vida. Vive, avanza hacia lo que quieres, sigue los dictados de tu corazón y ama lo que haces.

Pensar que el tiempo se te acaba, que eres una persona muy ocupada y no tienes tiempo para todo lo importante, es una gran mentira; lo único que te falta es voluntad y un poco de sentido común en tu organización personal.

Puede que necesites un pequeño empujón, busca a alguien que te pueda acompañar en tu tarea, una persona cercana pero justa.

¡Sé valiente hoy, sigue tu corazón, vístete de fuerza porque tú, sí vales!

Aprende de tu pasado y vive inteligentemente tu presente para que tu futuro esté lleno de esperanza. Tu pasado solamente te sirve para recordar lo que aprendiste, no puedes cambiar nada, no te conviene perder tiempo intentándolo…

Regocíjate de todo lo que has aprendido, recuerda los bonitos momentos con alegría y cariño, pero nunca podrás volver a vivir lo que ya pasó, ni tan siquiera un segundo.

Tomando consciencia de esto en el presente, debes cambiar tu actitud, tu forma de vivir, para sacar lo máximo de cada instante. Ser consciente requiere la capacidad de verse desde afuera y a la vez desde adentro. Eres capaz de analizarte, de preguntarte por qué haces lo que haces, por qué reaccionas como reaccionas, por qué hablas y piensas como lo haces.

Anímate, sin juzgarte, a ser observador en tu vida, date cuenta de que eres especialmente único.

Si de verdad quieres algo, define tu meta, fija tus ojos en ella y enfócate en caminar hacia ella. La única forma segura de no tener éxito en tus metas es no hacer nada. No te atrevas a quedarte quieto, en el momento en el que te quedas quieto tu vida pierde su frescura.

Es como el agua, si el agua no se mueve, empieza a formar una capa de bacterias y se vuelve de color verde. Vale explicar que la gran mayoría de las bacterias son beneficiosas para el planeta, para nosotros y no podemos vivir sin ellas. Eso es parecido a tu vida, tienes muchas cosas muy valiosas, actividades, hábitos sanos, relaciones hermosas. Tienes mucho que celebrar en tu vida. Si lo analizas bien, tu vida es bella.

El problema viene cuando dejas crecer en ella algo que te puede hacer daño, allí es donde encontramos la bacteria venenosa, la que hace daño, la que mata y destroza. No dejes que tu vida se estanque y se llene de bacterias nocivas, peligrosas para la salud. Deja que tu vida avance, renuévate, revoluciona tu vida, decídete a hacer lo que te hará feliz. Atrévete a buscar nuevos caminos, a experimentar emociones, sentimientos nuevos, a vivir cosas que jamás pensabas hacer.

Tu vida debe ser una secuencia de logros. Cumplir tus deseos, tus metas, a tu velocidad, en tu tiempo, es importante para llegar a cumplir contigo mismo, a ser fiel a tus propias ideas y deseos.

No limites tus sueños esperando la aprobación de otras personas, la consciencia de tu ser es suficiente, úsala. Solamente tú conoces lo que es correcto para ti, en cada paso que das es esencial que seas consecuente contigo mismo y fiel a tu ser, a tu individualidad. Escucha lo que tu corazón te está susurrando, cree que puedes, ponte en acción y tendrás éxito, alcanzarás tus sueños y tu mundo se volverá mágico.

Eres capaz, eres maravilloso, eres todo lo que necesitas para alcanzar tus sueños. Comprende a tu corazón, entiende a tu alma y tu mente obtendrá paz. Encuentra "ese algo" que hace que se corte tu respiración un momento, que tu corazón cambie de ritmo porque te apasiona, que hace que anheles comenzar a trabajar en ello. Ese fin que te hace soñar, que te hace volar viendo las posibilidades. Esa actividad que sientes que puedes hacer todo el día y toda la noche sin parar, porque te apasiona y te hace sentir rejuvenecido. Cuando encuentres esa pasión, agárrala y no la sueltes, identifícala y conviértela en acción. Toma un segundo para pensar en lo maravilloso que tiene que ser pasar el resto de tu vida haciendo algo que te encanta hacer y que te paguen por hacerlo. Disfrutar de tu trabajo durante toda tu semana laboral, todas las semanas, no tiene precio.

Si ya has logrado identificar la finalidad de tu propósito, la misión de tu vida, es esencial que evalúes si estás, de verdad, caminando en la dirección adecuada. Asegúrate de que el destino final al que te lleva el camino que sigues, es a donde tú quieres llegar. Para hacer eso, tendrás casi que salir de tu persona y tratar de evaluarte como si fueras un extraño en tu propia vida. Mira tu vida, tus decisiones, tus acciones y evalúate.

¿Es lo que quieres de verdad?

¿Tienes la formación adecuada, o la estás adquiriendo?

El refrán dice "la mejor defensa es el ataque". Entonces, ataca tus miedos con pensamientos positivos y ataca tus preocupaciones con acciones.

¿Estás pensando que tú no puedes?

Yo te animo ¡Tú sí puedes! Busca información acerca de lo que quieres lograr en tu vida. Define tus metas, poniendo fechas para poder comenzar, para gestionar, para realizar cambios, para poder terminar.

Escribe lo que decidas y evalúalo cada cierto tiempo.

¿A qué esperas?

La oportunidad para cambiar tu vida llega en un momento específico de tu vida, ahora, en este instante.

¡En este mismo momento del presente!

Recorre tu camino pacientemente, con perseverancia y con esfuerzo, pero sin prisa. Todo llega en el momento adecuado, no desmayes, ten la confianza de que todo lo bueno llegará en su debido momento a tu vida y así será.

Encontrarás en tu camino muchos supuestos "fracasos", intentos fallidos. No te preocupes, todo tiene su momento, cada oportunidad llegará según tú pidas, según tengas fe, según es el diseño perfecto del destino. No te olvides de cumplir tu rol, de trabajar, no esperes que las cosas te lleguen sin trabajar, es imposible.

Persigue tus sueños, la vida es una sola; aprovecha las oportunidades que se te presentan. Reconocer tu camino te da alas, úsalas para volar alto, ten confianza, cree en ti mismo y piensa que hay fuerzas superiores en acción en cada instante que te ayudarán a triunfar si así lo quieres y si decides que así será. Te lo repito: reconocer tu camino te da alas, úsalas para volar alto, más alto de lo que habías soñado. Todo es posible para la persona que tiene fe.

Es cierto que tu visión depende de tu perspectiva, no del paisaje. Si has identificado una tendencia a la negatividad en tu persona, haz algo para cambiar eso. Cambia tu actitud, si no lo haces seguirás teniendo malos días porque así lo has decidido. Tu actitud hacia tu vida puede que sea el factor determinante en el logro de tus objetivos, los viejos y los nuevos. Tu actitud influye de tal manera que con el 10% de buena actitud cualquier proyecto será exitoso.

Cuando hayas logrado definir lo que quieres con todo tu ser y esto esté en armonía con quien eres de verdad, verás que no existe la posibilidad de no tener éxito. Sé tú mismo, serás como el sol, iluminarás de día y tu brillo seguirá reflejando de noche. La gente te admirará, puede que ese no sea tu objetivo, pero te ayudará a tener confianza. Lo mismo puede ocurrir con cualquier cosa que decidas hacer.

Recuerdo que tanto mi madre como mi abuela materna decían que no importa lo que uno hace, lo importante es hacerlo bien, disfrutarlo y sobre todo saber gozar cada día en todo momento. Creo que si tenemos esa actitud, nuestras vidas cambiarán. Todos los días pueden ser buenos, sólo depende de ti y de tu actitud.

Tú eres tu propio cuento clásico, aprende a leer las páginas de tu corazón. Deja también que otros aprendan de ti y de tu ejemplo, no intentes esconder quien eres. Toda lo que hay en tu vida te influye, depende de ti el cómo lo haga. Puede que frecuentemente te dejes influir por otras personas, por sus opiniones o por sus deseos y pongas tus planes a un lado, te olvides de que tu vida, tus opiniones y tus deseos también son igualmente, o más, importantes. Tus pensamientos, tus reflexiones, tus opiniones también tienen el mismo valor, nunca debes dudar de ellos ni tener miedo de actuar de acuerdo a ellos.

¿Crees que no tienes nada especial que compartir? Eso no es cierto, todos tenemos muchas lecciones aprendidas en la vida, todos tenemos experiencias con las que podemos ayudar a otros a superar algo en su vida. Libérate de la noción de que no sabes lo suficiente para marcar una diferencia en este mundo.

Aférrate al concepto de saber que cada cosa que haces, ahora en el presente, puede ayudar a otra persona y te puede ayudar a ti a avanzar y a descubrirte. Nunca te olvides de que tu vida es una vida digna de vivirla y de recordarla. Habla, escribe y comparte lo aprendido, lo que tú tienes es muy digno y podrás ayudar a muchos si no lo guardas sólo para ti.

Las opiniones de otras personas no deben hacerte daño, no puedes permitir que sea así. La opinión de alguien es eso, es su punto de vista y pertenece a su mente, no a la tuya. Si algo no te pertenece, entonces,

¿Por qué dejas que te influya?

¿Por qué te preocupas tanto?

Existen miles de personas que estarán de acuerdo contigo, no te preocupes por los que no lo están. Tienes derecho a ser feliz, tienes derecho a tener tus propias opiniones y a que sean escuchadas. Tienes tus propios sueños y tienes todo el derecho de ir a por ellos.

¿Ya tienes identificado qué es lo que quieres hacer con tu vida?

¿Tienes una meta, un sueño y no sabes cómo lograrlo?

Quizás crees que hablar de ir a por tus sueños es demasiado fácil. Puedes encontrarte en una situación personal desde la cual no ves la salida hacia lo que quieres hacer. Te falta dinero, te falta tiempo, te falta organizarte mejor, te falta la formación necesaria, te falta el apoyo de tu familia, el de tu pareja, incluso te falta el apoyo de tus hijos.

Te sientes atrapado porque solamente ves obstáculos, aunque aparentemente tienes muy bien definido qué es lo que quieres. Estás enfocado en los problemas en vez de las soluciones. Si te encuentras en este punto de estancamiento, es necesario que cambies de actitud, que cambies tu forma de mirar, tu forma de ver, tu forma de vivir.

Cómo superar esta situación es simplemente una cuestión de perspectiva. El aprender a mirar a personas, cosas, acciones y esfuerzos desde otro ángulo no solamente te ayuda como ejercicio mental, sino que también te permite conocerte mejor a ti mismo.

Podrás llegar a identificar las flaquezas y las fortalezas en tu vida. Debes mirar cada problema como una oportunidad, un desafío positivo donde crecerás y ayudarás a otros también a crecer. Uno a uno debes superar lo que consideres obstáculos, los "no podré", los "es imposible", los "no puedo".

¡Sí puedes, créeme! Si yo puedo escribir un libro, cualquier persona puede hacer cualquier cosa que se proponga, que le apasione. El poder para hacer algo, o no, está dentro de ti. No existen dos personas iguales, pero a la vez no existen dos personas que no tengan el mismo valor existencial. Tú eres único y especial, cada cosa que tú haces tiene sus repercusiones en las vidas de otras personas, algunas de ellas que ni siquiera conoces.

¿Cómo usarás tu vida, el tiempo que te queda para compartir con los demás?

Decides tú, sólo tú.

Escribe una lista de qué es lo que quieres: hacer, sentir, alcanzar, ganar...

Escribe qué cosas de la lista no son negociables (a cuáles no estás dispuesto a renunciar) y cuáles sí son negociables (y ante qué condiciones o modificaciones).

¿Qué es lo que desea tu alma?

Búscalo, encuéntralo y actúa para conseguirlo y hacerlo tuyo. ¿Estás buscando las respuestas correctas?... un buen comienzo sería hacerte las preguntas correctas.

Recuerdo muy bien el consejo que recibí de un hombre anciano y muy sabio en cuanto a relaciones personales de pareja. Lo conocí cuando yo todavía era soltera pero ya trabajaba en Bolivia. Me preguntó si yo sabía que es lo que buscaba en mi futuro esposo.

Me hizo pensar diciéndome: "si no sabes lo que estás buscando en tu futuro esposo ¿Cómo lograrás identificarlo cuando aparezca delante de tus ojos?". Me desafió y me motivó a escribir una lista de las cualidades que yo buscaba en mi posible futura pareja, algunas cualidades esenciales (no-negociables) y otras deseables pero negociables.

Al principio me pareció un poco exagerado, pero lo hice y no me arrepiento de haberlo hecho. Me permitió identificar muy rápido quiénes no eran compatibles conmigo, a pesar de que algunos de ellos me aseguraban que eran los ¡hombres perfectos para mí!

Llegué a dudar de la utilidad de mi lista. En ella pedía que se me concediera un hombre con todas las cualidades no-negociables para mí.

Pedí mucho y mi lista era muy exigente. Justo en el momento en el que me resignaba a aceptar el hecho de que no iba a ser posible, encontré a ese alguien especial de mi lista. Apareció el que ha sido mi esposo durante los últimos 14 maravillosos años y espero que la vida me conceda muchos más a su lado.

Leí hace unos meses un libro que me animó a escribir qué es lo que quería lograr, para así saber determinar mi propósito en la vida, en términos generales. Un ejercicio que acompañaba el libro me hizo pensar mucho; me hizo identificar qué es lo que quería hacer, cómo quería sentirme al hacerlo y cuál era el objetivo de cumplirlo. Al final escribí una nota donde, en cinco frases sencillas, describí lo que quiero:

- Ayudar a otros, a los demás.
- Motivar a otros a creer en sí mismos.
- Animar a otros a tener confianza en sus habilidades.
- Reconocer en otros su grandeza y ayudarles a creer y reconocerla también.
- Ganar dinero haciéndolo.

¡PUEDES HACER LO QUE TÚ QUIERAS!

Quizás tienes una vida llena de aptitudes, eso es genial, pero puede que también sea un estorbo porque no logras identificar hacia dónde ir por tener tantas opciones. Sin embargo, te animo a que escribas qué es lo que quieres, de todo lo que sabes hacer ¿qué te mueve, qué te apasiona? A veces, hasta las cosas buenas y alegres pueden ser incompatibles, como por ejemplo silbar y sonreír al mismo tiempo. No debes intentar hacerlo todo. Necesitas planificar, pensar bien.

¿Qué es lo que quieres hacer, lograr y cómo?

En un ejercicio sugerido anteriormente te proponía que hicieras una lista de tus posibles cualidades personales positivas. Esa lista te puede ayudar a definir con claridad qué es lo que quieres hacer, porque solemos desarrollar las cualidades que más nos gustan, las cosas que nos salen casi sin esfuerzo. A mí me ayudó mucho cuando pensaba en mis cualidades.

Considero que es de suma importancia tener una autoestima sana para poder embarcarse en nuevos proyectos. Darte cuenta de las cualidades existentes en tu vida es un ejercicio sano. No quiero decir que tengas que creer que eres el mejor y que serás el mejor en todo lo que hagas; eso no es autoestima, eso es egocentrismo.

Es recomendable mantener el equilibrio entre la confianza y la humildad en armonía con tu personalidad. Pero sí, es verdad que apuntar siempre hacia la excelencia es esencial, saber que tú sí puedes conseguirlo si así lo decides.

Tú eres capaz de lograr lo que quieres hacer. Siéntelo, vívelo y ámalo ¿A qué esperas?

Eres libre de escoger tu camino, de seguir tus sueños y alcanzar tu propio éxito. Si tu misión es ser luz, ¡brilla! Recuerda siempre que lo imposible no existe.

"No dejes para mañana lo que puedas hacer hoy". No te paralices pensando que no puedes. Si quieres, podrás. No te anules diciéndote que no tienes tiempo, siempre tenemos tiempo para todo lo que de verdad nos apasiona. No tengas miedo al fracaso, haz que el fracaso te tenga miedo a ti.

Cualquier miedo se puede vencer con el optimismo, con saber que posees un potencial enorme dentro de ti. Desata tu potencial y alcanza tus metas.

¡Deja de poner excusas, trabaja en tu futuro hoy, vive tu presente con pasión, con las lecciones que aprendiste en el pasado!

¿Qué quieres alcanzar?

Anímate, siéntate, identifícalo, escríbelo, planifícalo, ordénalo, organízalo, hazlo y alcanza tus sueños.

La gente siempre le echa la culpa a sus circunstancias por lo que ellos son. Yo no creo en las circunstancias. La gente a la que le va bien la vida es la gente que va en busca de las circunstancias que quieren y si no las encuentran, se las hacen, se las fabrican —

George Bernard Shaw

VIVIENDO EN LIBERTAD Y ALEGRÍA

¡Qué sabia es la naturaleza!

¡Qué hermoso es todo lo que nos rodea!

¡Qué ciegos somos muchas veces al no darnos cuenta de las enseñanzas que la naturaleza tiene para nosotros!

Pienso en el sol y pienso en mi existencia diaria. El sol me ayuda todos los días, cumpliendo su función como estrella que provee calor, luz y energía. Me siento agradecida porque, aunque esté tapado por las nubes, el sol nunca deja de brillar, nunca se desanima, nunca se da por vencido. El sol cumple con su tarea sin importar las condiciones externas o los obstáculos que pueden ponerse en su camino.

El sol brilla todos los días para toda la humanidad, sin discriminación alguna, sin darse mejor a unos que a otros. El sol, junto a otros factores, permite que las plantas crezcan y que tengamos comida.

Lo que me fascina del sol es su ritmo, su tiempo, su entrar y salir. Todos los días me enseña que tengo mi vida por delante. Todos los días me renueva y me deja saber que un nuevo día es un nuevo comienzo. Todos los días recuerdo que tengo algo que hacer, tengo algo que aprender, debo crecer, debo madurar. Todos los días me doy los buenos días en el espejo y decido ser feliz, decido ser libre y decido vivir una vida llena de alegría y felicidad.

Este libro ha sido para mí una forma de expresar lo que vivo, lo que pienso, lo que siento. He expresado mi proceso de renovación al llegar de vuelta a Europa. Espero que de alguna forma te haya ayudado a alcanzar saber que tú eres libre de elegir vivir una vida alegre. Eres libre de escoger tu camino, de alcanzar tus sueños.

En este momento estoy escribiendo y estoy muy agradecida por mi vida y por las oportunidades que me llegan. He realizado un proceso de formación de "Experto en Coaching" y de "Grafología".

Reconozco que he aprendido muchas cosas nuevas y mi perspectiva de la vida ha cambiado. No por o para otros, ni por el "qué dirán", sino porque reconozco que aunque soy única y especial, también sé que, en palabras de gran filósofo Sócrates: "lo único que sé es que no sé nada".

Si has leído el libro quiero que sepas que también lucho con las cosas que están escritas aquí. Pero tengo la confianza de que estoy escuchando a mi corazón, siento que mi alma, mi mente y mi corazón están sincronizados entre ellos. Hoy digo que tengo seguridad en mis metas y claridad para la dirección de mi futuro. Eso hace que pueda vivir una vida verdaderamente feliz.

Rehúso dejar que el miedo se instale en mi vida, estoy abriendo mi mundo a cambios beneficiosos y quiero aprender cosas nuevas y estimulantes. Seguiré intentando abrir puertas con mi sonrisa, a ver cuál queda abierta y me emociona para encontrar mi destino.

Deseo que en tu corazón lo finito se puede volver infinito, que tu perspectiva siempre sea optimista y positiva. Piénsalo, puedes imaginar tu mundo si conviertes lo que limitas en algo infinito dentro de tu corazón.

¿Puedes imaginarte en un mundo de sentimientos infinitos: amor, paz, paciencia, amistad, felicidad, generosidad, sensibilidad?

Sería magnífico, podrías comenzar cambiando tu propia percepción de tu potencial. Es probable que seas y tengas más de lo que crees para ofrecer al mundo, es posible que no conozcas tus límites.

Tú eres el responsable de limitar tus sentimientos, tus capacidades, tus posibilidades, tus valores y tus creencias. Quizás estas cosas se volverán infinitas cuando no te des cuenta de ellas, cuando sea algo natural e innato, cuando ya no esperes nada. Cuando simplemente, disfrutes de ser feliz. Tú te haces grande cuando das sin pensar en lo que recibirás a cambio. ¡Qué bonito es cuando los demás reconocen todo lo bueno que hay en ti!.

Lo que te ocurre es fruto tuyo, lo que siembras cosecharás. Déjate inspirar por las personas que te rodean. Trata a tus amistades como si fueran regalos vivos y preciosos. No subestimes el poder que tú tienes para cambiar tu mundo, tu vida, tu forma de ser, tu futuro. Nadie lo hará por ti, por mejor intencionada que sea esa persona. Podrás aprender mucho de otros, pero todo eso depende completamente de ti, de nadie más.

Atrévete a hacer cosas que nunca has hecho antes. Vive una vida llena de sentido, sal de tu zona de comodidad y entra en una zona de aprendizaje. Conoce a personas nuevas, no tengas miedo de demostrar quién eres de verdad, vive de acuerdo con tu individualidad pero vive con felicidad y en armonía.

SÉ UNA PERSONA VERDADERAMENTE FELIZ

Define qué es la felicidad para ti y piensa en qué es lo que te hace feliz. Considera cuáles son tus sueños y ve a por ellos. Toma tiempo para descubrir cuál es tu lugar en la vida.

Toma conciencia de qué es lo que necesitas cambiar en tu vida. Comprométete a cambiar lo que identificaste y asegura tu éxito a través de tus acciones.

No es ser egoísta pensar en ti mismo. Pensemos un momento en la relación que existe entre el Yo y el ego. Hace poco me di cuenta de que me había olvidado de que no son lo mismo. Me pregunto cómo funciona esto dentro de la conciencia, fuera del tiempo.

No podemos negar que el tiempo es un invento de los hombres y para cuestiones prácticas es cierto que lo necesitamos. Pero, si nos concentramos en tener el Yo en paz y armonía en el presente, entonces también lo estará en el pasado y en el futuro. Nuestro pasado fue vivido en el presente en su momento y nuestro futuro, cuando llegue, también será vivido en el presente. Por tanto tenemos que aprovechar al máximo nuestro presente, nuestro día de hoy.

Aceptando tu presente, tu diario vivir, descubrirás un mundo nuevo, pasiones nuevas, sueños previamente impensables, serás libre de ir a por lo que tú quieres porque has tomado conciencia de tu realidad. Quizás has identificado que lo que quieres es un nuevo reto, un cambio: un cambio de profesión, un cambio de residencia, cambios en el ambiente personal, cambios en tu forma de aceptarte a ti mismo, etc.

Ningún cambio es fácil, el cambio implica aceptar elementos que a veces no queremos reconocer. Mientras mayor seas, más difícil es cambiar tu forma de pensar, tu forma de actuar y tus hábitos. Pero está claro que para alcanzar algo nuevo, los cambios serán necesarios en tu vida.

¿Qué estás dispuesto a sacrificar en tu vida para tu bien?

¿Cómo crees que puedes alcanzar tus sueños?

¿Estás aceptando en tu vida menos de lo que podría ser?

ENCUENTRA TU RIQUEZA

Quiero que pienses en lo que es probablemente la mina de oro más rica de Australia, la Mina de oro Monte Morgan.

Hace años los dueños de las tierras donde se sitúa esta mina vivían en una gran pobreza. Tenían vidas muy sacrificadas, viviendo todos los días en la miseria.

No tenían ni idea de lo que tenían debajo de su humilde casa, debajo del terreno que trabajaban arduamente. La vasta riqueza no era visible, pero estaba allí debajo de sus pies todo el tiempo.

Sufrían por su falta de poder ver más allá de donde alcanzaba su vista, vivían en la ignorancia de la riqueza tan cercana que poseían. Tampoco era su culpa, no tenían por qué saberlo.

¡Pensar o sospechar que vives encima de una reserva de oro no es algo que entra por casualidad en la mente de cualquier persona!

Usando este ejemplo de riquezas ocultas quiero que pienses en ti, quiero que te examines. Piensa por un momento que sabes con certeza lo que te motiva, cuáles son tus sueños, tus capacidades. Vamos, no simules que no sabes cosas que sí sabes.

¿Ya tienes tu autoimagen en mente? Bien.

Ahora, mientras cierras tus ojos quiero que tú seas esa mina de oro. Lo que has visto es solamente el terreno, la casita humilde, el trabajo de agricultor y de atender a tus animales, lo que está arriba a la vista, lo que está encima de la tierra. Medita, toma tiempo para pensar en los tesoros que están aún por ser descubiertos, que tienes en tu interior.

¿Cuál será tu oro?

¿Qué te hará volar hacia el éxito?

¿Haciendo qué, pierdes la noción del tiempo?

¿Qué te distingue de los demás?

Solamente tú lo puedes contestar.

¿Vives en libertad o eres tu propio esclavo?

Admito estar viviendo un proceso hermoso y constante de revelación, revolución, renovación y reestructuración.

Reconozco que vivía una vida en libertad física, pero a la vez era mi propia esclava. He aprendido a apreciar con alegría y con libertad que soy más de lo que pensé que era. Tengo respuestas, sentimientos, emociones y pensamientos dentro de mí, que por años estuvieron reprimidos, no les dejé ocupar un lugar en mi vida.

Ahora se me ha revelado este hecho, me doy cuenta de que el proceso de cambio, de renovación en mi ser es algo bueno. La revolución en mi alma es algo real, es algo que me ha llevado a un nivel espiritual mucho mayor que antes de su comienzo. Me lleva a reconocer el gozo profundo que tengo en mi corazón y en mi alma, que no es alterable por cosas exteriores. Ya no soy mi propia carcelera emocional, ya mi individualidad no es esclava de mi personalidad, soy libre.

Esto me lleva a reconocer que puedo ser feliz, aunque la felicidad es algo temporal que necesita ser renovado constantemente. Soy consciente de que mi felicidad y mi alegría, están cimentadas en mi gozo y ese gozo es algo permanente que no varía con los vientos del día, no es afectado por las cosas externas. Es mío y es algo que nadie, ni nada, me puede quitar. Estoy contenta, estoy gozosa, estoy alegre, estoy feliz.

Vivo en libertad y seguiré viviendo en libertad, porque así lo decido yo.

Nunca dejes de dar gracias por las personas que te rodean. Escucha y aprende de ellas, diles qué es lo que amas y admiras de ellas y verás que el amor que compartes crecerá y tu alegría también. Tu camino se cruzará con las personas perfectas en el momento preciso y precioso, deja que entren esas personas en tu vida, aprende de ellas y comparte tu alegría con ellas.

Recuerda que las causalidades están vinculadas al propósito de tu vida. Literalmente, mientras caminas por la senda de la vida, te van pasando cosas que podrían ser interpretadas como coincidencias, no es así, todo es perfecto.

Depende de tu actitud, si te encuentras atento y receptivo no pasarán de largo. Tienes oportunidades maravillosas delante de tus narices, depende de ti si las aprovechas o no. Estate atento a los engranajes de la vida, cada cosa que sucede es una pieza en el rompecabezas de tu destino.

Todo es perfecto, todo tiene su tiempo.

PIENSA CON TU CORAZÓN

Toda mi vida me he considerado una persona racional, la lógica siempre ha ido bien conmigo. Actualmente estoy aprendiendo a pensar más con mi corazón, a pensar sintiendo. Medito más, oro más, descubro más, me conozco más. Estoy alegre y estoy libre porque ya no me preocupa tanto lo que la gente piense de mí.

Tú puedes vivir feliz en tu libertad. Sonríe cada vez que lo sientas, no te preocupes por lo que dirán de ti. Una sonrisa oportuna alegra el corazón de aquel que lo necesita. Siéntete con toda la libertad de saber que estás entrando en una etapa de cambio, de desafíos, que tu fiesta ya comenzó, baila con alegría y de corazón.

El verdadero cambio en ti, donde se disuelve el pasado, es en el ahora y es en tu corazón. El futuro suele remedar el pasado, vive en el presente, lo que haces hoy tendrá su efecto en tu mañana. Tu eternidad es este instante, se vive ahora, ahora y ahora.

¿Vivirás?

Aprende que ser feliz es una decisión y amar es un privilegio. No dejes para mañana tu felicidad, no esperes ciertas condiciones para empezar a ser feliz, la vida es demasiado corta para no vivir al máximo todos los días. Vive la vida con una sonrisa y muchas carcajadas, y con una buena taza de café en compañía.

Navega por el mar de la vida con sabiduría de espíritu y corazón abierto para encontrar tu camino. Así habrá buen viento en tus velas y llegarás a tu destino. Renueva tu confianza, aprende a vivir armoniosamente con tu felicidad interior.

Decídete a vivir una vida feliz y cumple con tu decisión.

Cuando tomas consciencia de algo pasas de soñar a tener responsabilidad, es así cómo pasas a la acción.

¿Qué vas a hacer para vivir alegremente?

Te comparto unas sugerencias mías:

- Planta una sonrisa hoy y mañana; cosecharás alegría abundante.

- Busca personas que te hagan sentir vivo, libre y feliz; pasa tiempo con ellas.

- Vive cada momento sabiendo que lo que haces ahora tendrá su consecuencia el día de mañana; pero vive ahora.

- Vive tu vida de la manera que sea correcta de acuerdo a tus principios; sabiendo y aceptando que otros pueden estar en desacuerdo.

- Enseña con tu ejemplo que, sin ataduras, tu alma es libre de amar con tanta fuerza que hace que el mundo sea un lugar mejor; libera tu alma y ama.

- Alégrate de estar vivo, tú eres precioso; cada momento tiene un propósito especial en tu vida.

- Toma el control de tu vida, toma tus propias decisiones; deja de culpar a los demás por tus errores.

- Créeme, tu puedes vivir libre y alegre, solamente es cuestión de querer y creer; depende de ti.

TÓMATE TIEMPO

Tómate tiempo para pensar, es la fuente de poder.

Tómate tiempo para rezar, es el mayor poder de la tierra.

Tómate tiempo para reír, es la música del alma.

Tómate tiempo para jugar, es el secreto de la perpetua juventud.

Tómate tiempo para amar y ser amado, es el privilegio que nos da Dios.

Tómate tiempo para dar, el día es demasiado corto para ser egoísta.

Tómate tiempo para leer, es la fuente de la sabiduría.

Tómate tiempo para trabajar, es el precio del éxito.

Tómate tiempo para hacer caridad, es la llave del Cielo.

Madre Teresa de Calcuta

A la felicidad no la encontrarás en el día de mañana, sólo la encuentras viviendo en el día de hoy. Tómate tiempo hoy para vivir en libertad y en alegría.

La felicidad no es algo que se pueda buscar, es algo que se debe vivir, es una forma de vida, una decisión diaria. La vida es una continua sorpresa, nuestra existencia diaria nos trae regalos todos los días. Estar atento para recibir sus regalos en cada momento es algo muy profundo, apreciarás las cosas pequeñas de tu vida y vivirás mejor. La felicidad no tiene un solo color, tiene miles; pero puede cambiar el mundo uniéndonos en un solo haz de luz.

Ser una persona feliz es vivir en paz y tranquilidad en tu interior. Cuando logres vivir plenamente en ese estado sabrás vivir el presente: saboreando el privilegio de reconocer que cada instante es irrepetible.

¡Vive, no esperes!

¡Recuerda que, si un amigo te dice que eres maravilloso, dale la razón demostrándolo!

No esperes ni un segundo más, hoy, ahora, en este instante, créelo, créeme

¡Eres especial!

¡Eres único!

Para saberlo no necesitas que te lo digan, aunque es bonito escucharlo. Te recuerdo que en la vida hay personas incomparables, personas inexplicables y personas inolvidables...

¡Tú eres un ejemplo perfecto de ello!

Somos uno, somos iguales, juntos podemos cambiar el mundo, juntos podemos vivir libres, juntos podemos vivir alegres, juntos podemos más, juntos, todos nos necesitamos.

¿Qué quieres para tu vida?

¿Deseas encontrar paz, calma y felicidad?

Si las deseas, ya están en tu interior

¡Libéralas!

www.ingramcontent.com/pod-product-compliance
Lightning Source LLC
LaVergne TN
LVHW051128080426
835510LV00018B/2301